ひきこもりの
ライフストーリー

保坂 渉
Hosaka Wataru

Reportage
The Lifestories of 4Hikikomoris

フィギュール彩II
❸
figure Sai

彩流社

はじめに

新聞の地域版を眺めていると、ある記事に目が留まった。二〇一八年二月の紙面だった。写真付き三段の短い話題物の記事で、地域の中で、きらりと光る活動をしている若者を励まし、表彰する民間団体の授賞式の様子を伝えていた。「おやっ」と思い記事に目が行ったのは、受賞者の一人がひきこもりの当事者として、居場所と呼ばれる当事者同士の交流の場や、学習会を運営していると紹介されていたからだ。

ひきこもりの問題には個人的な思いがあった。二〇〇〇年代に入ったころ、私はそれまで取材を続けていた子どもの虐待問題が、児童虐待防止法の成立で一つの区切りを迎えたことから、次はひきこもりの問題が社会的にはクローズアップされてくるのではと思い、取材に取り掛かった。子どもが不登校から十年以上ひきこもっているケースを、何人かインタビューさせてもらった。しかし親からは話を聞けたが、本人とは直接会うことができなかった。何とか当事者に話を聞けないものかとアプローチはしてみたが、力不足でたどり着けず、取材は断念した。

その後は、ひきこもりの問題を取材する機会もないまま、恥ずかしながら、関心も薄れていった。それから二十年近くの歳月が流れ、ひきこもりの当事者が授賞式に堂々と臨んだ姿を、紙面の写真で見て驚いた。「ひきこもり当事者の社会的な立場は、大きく変わっているんじゃないのか」。そう思って「ひきこもり」や「居場所」「自助グループ」などの言葉をキーワードに、インターネットの検索をしてみると、当事者活動の発展ぶりは、私が取材していたころと隔世の感があった。

二〇一〇年代には、当事者会や居場所が都市部を中心に増えていき、直接当事者同士がつながりを持つようになった。当事者自身が運営する『ひきこもり新聞』や雑誌『HIKIPOS』が相次いで創刊されて、当事者が、自らの声を社会に向けて発信するようになっていた。間もなくして当事者会の全国ネットワークも結成された。また、潜在化していた女性のひきこもりに光が当てられ、女性だけの居場所も開催されるようになり、当事者が一気に表舞台に登場したかの様相だった。

当事者も、私が取材をしていた当時は不登校からひきこもるケースが多かったが、十代から中高年まで各年代層に広がった。ひきこもった理由も、不況や不安定な雇用を背景に、就活でのつまずきや、職場にうまくなじめなかったこと、失業など多様化して、特定の年代に限った問題ではなくなっている。その数も内閣府の調査では、十五歳から三十九歳までの「若者」が五十四万人、四十歳以上の中高年が六十一万人と、合わせると百万人を突破した。しかも、ひきこもりの長期化と家族の高齢化も進み、支援策の拡充は喫緊の課題になっている。

ようやく当事者たちも、新聞、雑誌、ネットを拠点に自らの声を発信するようになったが、それまでは主として、ひきこもりの実態は家族や支援者サイドから語られてきた。従って、ひきこもりの具体的なケースは家族や支援者の視点からのものになりがちで、当事者の声を直接聞くことは難しかった。その結果、当事者の声が伝わらないまま、家族や支援者の苦悩や苦労がメインストーリーとなった。当事者は家にひきこもって、家族や周囲を翻弄する困った存在、といった負の社会的なイメージが刷り込まれてきた。それは、当事者を暴力的なやり方で家から引き出す民間業者の行動が、むしろ是認されるような報道につながっていることにも表れていた。

こうした社会認識の形成は、当事者自身の声がきちんと反映されてこなかったことにも大きな原因があると思われる。一方で、ここ数年、当事者自身によるネットワークづくりや情報の発信がなされてきたことで、当事者の声に直に接する機会は格段に増えたことも事実だ。当事者がひきこもりに対する社会認識を主体的に変えていこうと動き出したいま、一度は断念した当事者の声を、直接聞かせてもらえないかと思った。

そこで、ひきこもりの当事者・経験者がたどってきたひきこもりに至る、またひきこもりから抜け出す軌跡をそれぞれのライフストーリーにまとめ、読者に伝えることはできないかと考えて、あらためて取材を始めた。

本書では、その後の取材で、貴重な生い立ちからのライフストーリーを語ってくれた、四人のひきこもり当事者・経験者が登場する。いじめから不登校になり、十年以上ひきこもった若者。仕事に育児に家事に奮闘して、心が折れてしまいひきこもった母親。大学時代に部活に燃え尽きてしまい、ひきこもりを繰り返した若者。職場になじめずに会社をやめ、新たな夢への再挑戦にも失敗して、ひきこもった中高年の男性の四人だ。

ひきこもったきっかけやひきこもりの期間、ひきこもった年齢もほとんどバラバラだ。四人のライフストーリーは、ひきこもりが決して特別な家庭で起きている現象ではなく、当事者や家族が抱える問題は、どの家庭にも起こりうる普遍的な問題を含んでいることを、浮き彫りにしてくれる。四人の軌跡をたどってみることにしよう。

なお、ひきこもりの定義については、厚生労働省はガイドラインで「様々な要因の結果として社会的参加（義務教育を含む就学、非常勤職を含む就労、家庭外での交遊など）を回避し、原則的には六カ月以上にわたって概ね家庭にとどまり続けている状態（他者と交わらない形での外出をしていてもよい）を指す現象概念である」としている。しかし、この定義では、多様化するひきこもりの当事者を捉えきれない。本書では、厚労省の定義にとらわれず、本人が生きづらさを抱えて、ひきこもりを自認すれば、ひきこもり期間の長さに関係なく当事者とする。また本書の内容は、すべて取材時のものである。

目次◉『ひきこもりのライフストーリー』

第四章　中高年のひきこもりは置き去り　144

第一章　いじめに狂わされた人生

閉鎖病棟で自由奪われ

六年前、桜が満開の季節だった。雅人（仮名）が二十九歳のときのことだ。精神科病院の閉鎖病棟にある保護室には、ベッドが一つポツンと置かれていただけだった。雅人はそのベッドの上で、屈強な男性の看護師三、四人に仰向けに押さえつけられた。着ていた服を次々に脱がされ、入院着に着替えさせられた。下着も脱がされ、紙おむつをはかされた。着替えが終わると、両手両足に白色の厚いポリエステル製バンドが素早く巻かれた。体の自由を奪う拘束具だった。

両手両足を大きく広げられ、万歳をした格好にさせられると、拘束具はベッドに固定されて、雅人は身動きができなくなった。止めを刺すように、腹を幅の広い腹帯でしっかりと押さえつけられて、雅人の動きは完全に封じられた。身じろぎ一つできない雅人の鼻からは、チューブが胃まで直接挿入された。食事は、このチューブから栄養剤が送り込まれることになった。

入院の朝、雅人は二階にある自室のベッドで寝ていたところを、父親に踏み込まれた。傍らには雅人が暴れたときに備えて、父親の依頼で警察官も立ち会っていた。

「前日まで入院の話は全然していなかった。突然朝、ガムテープでぐるぐる巻きにされて、車で病院に運ばれていった感じだった」

不安やこだわりが度を越して日常生活に支障が出る、強迫性障害の治療ということで、入院が決まった。雅人は納得できなかったが、入院は父親が同意した。患者は許可なく外に出ることができない、閉鎖病棟に連れて行かれた。出された薬を飲むよう指示されたが、雅人は「口の中が汚れているので、ゆすいでから飲みたい」と看護師に頼んだ。

「朝、父に無理やり引っ張りだされたとき、抵抗して顔を床に押し付けられた。口にゴミが入ってしまい、汚れていた」

ところが、これが投薬を拒否したとみなされて、懲罰として保護室で身体を拘束されることになった。

雅人は小学校、中学校といじめを受け続けたことが原因で、高校一年生の二学期からまったく学校に行かなくなり、それから十三年もの間、ひきこもっていた。いじめの被害者で、強迫性障害という後遺症に長く苦しみ、十五歳からひきこもり生活を強いられてきた。一時は症状が悪化して、自分が触れるものすべてが汚れると思い込み、自宅二階のトイレから一歩も出られなくなった。便座に座ったまま、トイレで一年間、暮らしていたこともあった。

いじめの被害者であるはずの自分が、なぜベッドに縛り付けられ、ぶざまな格好で自由を奪われなければならないのか。あまりの不条理に、雅人は気が狂わんばかりだった。

キレるのが面白いといじめ

私鉄の駅を出ると、目の前には一九六〇年代に建てられた大規模な公営団地が広がる。ここで雅人は「人生の中で一番幸せだった」という幼稚園時代までをすごした。

「同じ団地に住む仲良しの三人組がいて、僕は総隊長の次の副隊長で、幼稚園から帰ると、秘密基地とかをつくって、毎日楽しく遊んでいた」

三人組の母親も友だち同士で、家族ぐるみの付き合いだった。雅人の父親は、独立して事業を立ち上げたばかりだったが、顧客に恵まれ、仕事は順調だった。雅人は、仲良し三人組で、そろって地元の小学校に進むとばかり思っていた。だが、雅人の入学に合せて、一家は他県に引っ越すことになった。父方の祖父母が高齢で「近くに住むのが何かと便利でいいだろう」という理由だった。三人組の楽しい日々が続くと思い込んでいた雅人にとって、青天の霹靂だった。

「引っ越しにはかなり抵抗があったんですよ。新しく行くところが不安で、かなり残念でした」

引っ越しが嫌でたまらなかったが、まだ幼稚園児の雅人は、親の意向に従うしかなかった。雅人は、六年間暮らした団地を離れて、祖父母の住む町の小学校に入学した。そして不安は的中した。新しい一年生のクラスは地元の子どもたちだけで、雅人に友だちは一人もいなかった。雅人も「声のかけ方が分からなかった」と、積極的に友だちをつくろうとしなかった。

「幼稚園時代は母親たちが先に仲良くなって、友だちづくりのお膳立てをしてくれたところもあった。新しい学校では、自分で友だちをつくらないといけなくて。でも、しゃべり方とか挨拶のしかたが分からず、全然コミュニケーションが取れなかった」

教室で一人ポツンといる雅人に、ちょっかいを出す子どもたちが現れた。

「体が太っていたのもあったし、ちょっとしたからかいを受けた」
三、四年生になると、ちょっかいを出されても何もできない雅人は、キレて相手とけんかになることがあった。
「うまく反応できないいらだちがたまると、キレてやっつけようと、物を投げたり、相手に食ってかかった。結構けんかに負けて、ひどい目に遭ったこともあった」

クラスの子どもたちは、キレる雅人を見て余計に面白がった。

「からかうと、むくれて感情が破裂するので、面白いみたいな」

からかい程度だったいじめが、壮絶ないじめにエスカレートしたのは五年生に進級してからだ。

はっきり言って学級崩壊

五年生でクラス替えとなった新しいクラスは、中年の女性教師が担任だった。一学期が始まって間もなく、授業中に席を立って、教室や廊下をうろつく子どもが出てきた。同じサッカークラブに所属する男の子たちだった。

「担任が一応注意するんだけど、誰も言うことをきかない。暖簾《のれん》に腕押しというか、担任も口先の注意のほかは何もしなかった」

担任にサッカークラブの男の子たちを抑える力がないとみると、ほかの子どもたちも、勝手な行動を取り始めて、教室はどんどん荒れていった。紙ごみや物が飛び交い、私語はやまず、奇声が上がる。廊下でサッカーをやりだすグループまで現れた。教室では、みんなが好き勝手なことをやり、騒然とする中で、授業が成り立たなかった。

「サッカークラブの連中がやりたい放題で、本当の支配者みたいだった。担任はクラスの統制がとれず、はっきり言って学級崩壊でしたね」

クラス内の子どもたちの力関係もはっきりして「スクールカースト」という「階層」が出来上がった。

「男子二十人のうち、サッカークラブの連中が十二、三人いて、これがカーストの上位。クラスを牛耳っている。気の弱い三人が一番下で、いじめのターゲットになっていた。その中間は、ターゲットにならない子たちが要領よくやっていた」

無口で友だちができない雅人は、「気の弱い三人」のうちの一人で、卒業まで恰好のいじめの標的になる。からかうと、むくれて表情に出る雅人は「フグ」と呼ばれたりして、面白がられた。雅人がクラスで孤立しているとみると、容赦なくいじめてきた。

「突き飛ばされたり、プロレス技をかけられたり。文房具を貸すと鉛筆を折られたり、返ってこない。給食の時間に、牛乳を顔にぶっかけられたりしたこともあった」

教科書にいたずらされたり、破られたりもした。担任にいじめを訴えても形だけの注意で終わった。「あなたが、嫌だ、とはっきり言わないからだめなのよ」と、責任を被害者の雅人に転嫁してくることもあった。周りの子どもたちも、雅人を助けようものなら、自分が身代りの標的になりかねない、と見て見ぬふりだった。そのうち、サッカークラブの子どものたちのいじめは、学校内にとどまらず、雅人の家にまで押しかけるようになった。

「いじめっ子の一人がいきなり家に押しかけて来た。子ども部屋に通すと、物を壊された」

それからは、家を訪ねて来ても中に入れないようにした。

「居留守を使うと、ドアが壊れるかと思うほど、ドンドンたたいた」

サッカーの練習の帰り道、雅人の家の前を通ると、雅人の悪口を近所に聞こえるように大声で言い、はやし立てた。雅人は父親に、いじめを受けていることを話した。

「リーダー格の一人の家に父が話に行ってくれたけど、相手は全然対応する気がなかった」

母親も、担任にいじめをやめさせるよう繰り返し頼んだが、「分かりました」と言うだけで、対応してくれなかったという。親に話しても、担任に助けを求めても、雅人へのいじめはやまず、どうにもならなかった。

トイレで頭から汚水浴びる

担任といじめグループの子どもたちの力関係が逆転して、学級崩壊が起きていたことに、保護者会でも学校に対応を求める声が上がった。

「クラス替えの話が出たみたいで、三クラスある五年生全員に、クラス替えをしたほうがいいのか、しないほうがいいのか作文を書かせた。僕は精魂こめて替えてほしいと書いた」

結果は雅人の期待を裏切り、何も変わらなかった。

「うちのクラスでさえ、十何人かのサッカーの連中は替えてほしくない。学校も形だけ作文を書かせて意見を聞きましたが、その結果、いまのままでいいと」

学校でいじめから逃れる手立てがなくなっても、雅人に学校に行かないという発想はなかった。

「親にいじめの深刻さを話しても、経験してないんで分からない。一方で、父も母も学校信仰に凝り固まっていたから、いじめがあっても学校に行きなさいと言う。僕も学校に行くのが義務だと思っていたし、当時フリースクールのような存在があることは、親も情報収集が得意でなく、知らなかった。親に言われたら、学校に行くしかない。家にも居場所がないですから、逃げるところがなかった。いまだったら学校に行く必要がない、とはっきり言える。逃げていいんだ、相手はどうも思わないんで、自分を壊す前に逃げなきゃいけないって言える」

結局、クラス替えもなくそのままの構成で進級した六年生。雅人はクラスが替わらないのを知って家で泣いた。そして、いじめは一気にエスカレートした。

「やりたい放題のいじめを我慢するしかなかった」という雅人に、いまも忘れられない屈辱的な事件が起きた。雅人はいじめのストレスで、授業中にお腹が痛くなり、担任に断ってトイレに行った。すると、クラスのみんなが廊下に出てきて「雅人がトイレに行った」とはやし立てた。「教室に戻りなさい」と担任が注意しても、従わなかった。雅人がトイレの個室に入っていると、突然、頭の上からバケツの水を浴びせられた。

「トイレの個室はドアを閉めても、上が開いている。そこから、真っ黒に濁った水をぶっかけられた」

バケツには、トイレ掃除に使ったスポンジやたわしの汚れを落とした後の、汚水が入っていた。

「びしょ濡れになった後、どうなったかは、かなりショックで覚えてない」

雅人は、地元の公立中学に入ってもいじめが続くのを心配した父親から、私立中学の受験を勧められたこともあった。

「勉強をいまからやるんじゃ間に合わない、と思っちゃった。結果的には私立に行けばよかったんですけど」

いじめの不安を抱えながら、地元の中学に入学するしかなかった。

うその告げ口で悪者に

中学校の入学式の日、雅人はクラスの顔を見渡して、少しホッとした。小学校時代のいじめグループは散り散りになって、一人しかその仲間がいなかった。それもつかの間で、思わぬところから、雅人へのいじめが始まった。新学期早々、雅人とは別の小学校から入学してきた男の子たちに、目を付けられたのだ。

「意地悪な子がいて、同じ班になった」

班に分かれて食べる給食の時間、食器の片付けはじゃんけんで決めることになっていた。ところが、その子から「おまえが全部やれ」と押し付けられた。それからは、給食の片付けは毎回、雅人の〝仕事〟になってしまった。

「僕がおとなしいとみたんでしょうね。文句を言わないだろうと。新しい子にやられたのがすごく嫌だった」

雅人は、新たないじめグループの〝パシリ〟に使われて、授業の教材を先生のところに取り行くのも返却するのも、全部やらされた。「小学校時代のいじめに比べると、中学は少しはましだった」と雅人は言うが、休み時間ごとに、わざと後ろを付いて回られたり、面白おかしく話し方の真似をされたり、意味もなく笑われたりもした。

新たないじめグループの出現に「本当にあのころは嫌だった」と、またいじめに我慢を強いられた一学期をふり返った。雅人は何とかやりすごし、一泊二日の夏の林間学校に参加した。自然の中でいじめのストレスを少しでも解消できればよかったのだが、この後雅人が不登校になる引き金となったいじめが起きてしまう。舞台は再び昼食の時間だった。林間学校の班構成は、クラスの班をそのまま使った。一日目の昼、班ごとに食事の準備が始まると、雅人は同じ班にいたいじめグループの男の子から、クラス全員分のご飯を盛り付けて配るよう、一方的に言われた。

「僕はたまたまお膳の近くにいただけなのに。結局、後片付けも全部やらされた」

二日目の昼食は、雅人はお腹の調子が悪く休んでいたので、遅れて顔を出すと「おまえが当番なのにいなかっただろう」と責められ、文句を言われた。そのうえ、いじめグループの男の子は、雅人が当番だと勝手に決めつけて、男性の担任教師に「雅人が当番をさぼった」と告げ口をした。

「先生から、当番をやらないとまずいんじゃないかって、注意された。当番じゃない、濡れ衣だ、と反論したけど、お腹が痛くてうまく話せないでいると、先生はいじめっ子を呼び出して話しているうちに、なぜか僕が、自主的に当番をやっていたみたいな、感じになってしまった」

雅人はこんな理不尽な話があるかと怒ったが、結局、自分の言い分を担任にうまく伝えられずに、悪者にされてしまった。おまけに最後のゴミの片付けも全部押し付けられ、さんざんな林間学校だった。

学校への信頼消え去る

雅人に不登校の兆しが見えたのは、夏休み明けの二学期途中だった。

「朝、学校に行く時間になると、お腹とか頭が痛くなって、ベッドから起き上がれなくなった。朝になるのが嫌だった」

体が学校に行くのを拒否していた。

「小学校時代に受けたいじめの後遺症を、ひきずっていた。中学でのいじめは少しはましだったけど、何も対応してくれない学校自体がもう嫌になっちゃっていた」

孤立無援でいじめに耐え続けていた雅人の心は、ボディーブローが効くように、ストレスでじわじわと蝕《むしば》まれていた。林間学校であった食事当番をめぐるいじめっ子と担任の対応は、雅人から学校への信頼を完全に消し去ってしまった。「二学期から学校を休むようになったのは、林間学校の出来事が大きかったと思う」と雅人も言う。

だが周囲の大人たちは、いじめで心が深く傷ついた雅人に、寄り添ってくれなかった。雅人が朝、体が動かずに自宅の階段に座り込んでいると、父親に「学校に行け」と引っ張り出された。担任も学校に連れていこうと、雅人の家まで迎えにきた。それでも雅人は「お腹が痛い」「頭が痛い」「気持ちが悪い」と体の不調を訴えて抗い、学校に行こうとはせず、さすがに父親も無理強いをあきらめた。

「不登校になって家にひきこもっていても、学校に行かなくちゃいけない、行けない自分はおかしいんだ、と思っていた。心が疲れているときは、学校に行かなくていいんだ、と誰も教えてくれなかったし、親もすぐに行けるように支度をしておきなさいって言っていた」

雅人も学校に行くのは義務と思い込んでいたので、何とか登校しようと気ばかり焦った。でも、いざ朝起きて登校の準備を始めると、お腹や頭が痛くなり、そこで立ち往生して、結局、学校に行けずじまいだった。

いじめ避けて放送室登校

二年生になると、学校も雅人の不登校に対応を迫られ、いじめに遭わないように、自分の教室ではなく、放送室に登校すれば出席を認める措置をとった。

「空いている教室ならどこでもよかったんです。放送室は昼間使っていないんで、僕一人。クラスの子と顔を合わせないようにして部屋に行くよう、担任から言われた」

放送室登校で、雅人へのいじめは回避できるかもしれなかったが、あくまで対症療法であって、いじめの加害者を指導するわけでもなく、抜本的な解決にはならなかった。雅人の学習権が保障されているとも言えなかった。学校に行かない日は、家で本を読んだり、学校の勉強をしてすごした。

「相変わらず、学校に行けない自分はだめな人間だ、と責めたりしていた。ただ、昼夜逆転したり、テレビゲームにはまるようなことはなかった」

雅人は、自分の教室に戻ればまたいじめの標的になることは目に見えていたので、週二、三日、放送室で一人すごす放送室登校を続けた。ただ放送室登校では、困ったことに出席日数が増えたとしても、学力判定に必要なテストを受けられないので、成績が付かなかった。放送室で、雅人一人だけでテストを受けさせるわけにいかない、と担任に言われた。

「テストは自分の教室じゃないと受けられない。不登校が始まった一年の二学期から二年生の勉強は、すっぽり抜け落ちていた。通知表の成績は空欄だったと思う」

この状態が三年生に進級しても続くようなら、高校受験が難しいことになるのは、雅人も分かっていた。三年生のクラスは、学校が配慮してくれたのか、雅人と小学校時代に仲の良かった男の子が一人、同じクラスになった。その男の子は、小学五、六年生のクラスで、雅人と同様にいじめの標的になった仲間だった。

「一、二年生のときは一人も友だちがいなかったので、心強かった」

高校には何としても行かないといけない、という強迫観念もあったので、三年生からは放送室登校をやめて、雅人は自分の教室で授業を受けることに決めた。

「出席日数を稼がないといけないし、放送室登校では成績も付かない。それじゃ高校受験ができないから、当時は自分の尻をたたいて頑張る、という気持ちだった。とにかく高校に行けば、これまでとは無縁の世界が待っている、って希望を抱いていたので」

小学校時代のいじめグループから、廊下を歩いていると、「ブタ」とか「肉マン」とか悪口を言われた。

「しつこくやっていましたよ。僕の動きを真似したり、休み時間、教室に入ってきて僕の席を占拠して、動こうとしなかったり。でも、あと一年頑張れば高校への道は開ける、と信じて、やりすごしました」

三年生で休んだ日は、わずか十五日だった。雅人は公立高校を受験することになった。志望校は、それまで雅人の中学校から一人も入学したことのない高校を選んだ。

「高校に行けばガラッと変わる、と思っていた。生活をリセットできる。わざと同じ中学の卒業生がいない、遠くの学校を選んだんです」

雅人は、いっときの不登校で受験には大きなハンディを背負っていたが、志望していた高校に無事合格した。

「誰も自分のことを知らない学校で、生活をリセットできる」

高校での新生活に夢を託していた雅人だったが、登校初日から体に異変が起きる。

「通学の電車に乗ろうとすると、お腹が痛くなっちゃって、一駅ごとに降りて休まないと、登校できない状態になった」

「デブ、そこどけ」

雅人は中学時代に、心療内科で精神的なストレスからくる、過敏性腸症候群と診断されていた。高校までは電車に十駅以上乗らないと、着かなかった。毎朝、遅刻の連続だった。数日後、遅刻した教室で、雅人は一人でいたところを、いきなり男子生徒から「デブ、そこどけ」と体形をからわれた。入学した高校はスポーツが盛んで、雅人のクラスにも運動部に所属する生徒が多かった。

「僕は几帳面だったので、机の位置がほんのちょっとずれていても直したり、ウエット・ティッシュで机の上を拭いたりしてた。周りからは、変なやつだと見みられていたと思う。遅刻で目立つ存在だったし」

小学校、中学校とさんざんいじめに遭ってきた雅人は、男子生徒のからかいの言葉に、大きく傷ついた。

「自律神経失調症のようになり、汗がどんどん噴き出して、机とか椅子に垂れるくらいだった」

それまで受けたいじめの悪夢が、頭に蘇るようになった。雅人は入学してまだ十日目から、腹痛の恐怖もあって電車に乗ることができず、登校できなくなった。しばらくして、父親が心配して、雅人が学校で授業を受けるのは難しいだろう、と自宅学習でも高校の卒業単位が取れる通信制高校に編入させ、学習の支援をサポート校で受けさせようと考えた。六月ごろ、実際にサポート校の見学に出かけて、入学金五十万円を支払った。

「父がこの方法しかないと考えてくれたけど、結局、行けないますますぎちゃった。そもそもどんな学校であれ、学校自体に嫌悪感があって行けなかった」

雅人は夏休みに二、三日登校をしたのを最後に、まったく学校に行かなくなった。

「五月に二日ほど行ったんですよ。でも、みんなから奇異の目で見られて、すぐあきらめた。また夏休みに再チャンレンジしたんですけど、調子が悪くなっちゃって、もう嫌だと」

「高校に行けば、生活はガラッと変わる」と雅人が描いた夢は、あっけなく潰えた。

「うまくいくはずだったのに絶望した」

いじめのフラッシュバック

雅人の十三年にも及ぶひきこもり生活が始まった。中学校時代に続いて、高校で二度目の不登校に入った当初は、家庭内が特にぎくしゃくしたことはなかった。

「普通に生活してましたよ。食事は家族でテーブルを囲んでいたし、居間でテレビを見ながら、趣味の話をした。休日には家族と一緒に気晴らしに出かけたりしていた」

家にばかりいるのはよくないと、アルバイトを始めた。最初は郵便局で、年末年始の郵便物の仕分け作業だった。ベテランの局員とは違って、不慣れな雅人は「スピードが遅い」と何度も怒られた。アルバイト初体験の雅人が、ベテランの局員と同じスピードで、仕分けがこなせるはずがなかった。

次は夏のファミリーレストランで、厨房の皿洗いだった。ここでも「手際が悪い」と職場の仲間から文句を言われたが、台所に立ったこともない雅人が、スピーディーに仕事をこなすのは至難の技だった。最後は、大型のホームセンターで、店員と些細なことでもめて、学校でキレたときのように食ってかかると、一日で首になった。アルバイトも長く続かず、平日は近所の目を気にして外に出られないので、家ですごすしかなかった。

不登校になって毎日家ですごす時間がたっぷりあると、雅人は何も考えない訳にはいかず、次第に自分の「不甲斐なさ」を責めるようになった。

「その当時はまだ親も、家にいるのはしかたがないという感じで、強く行きなさいとは言わなかった。でも、本来なら学校にちゃんと行くべきところを、自分だけ行けてないというのは、すごい負い目を感じて嫌だった。それを打ち消そうと、好きな漫画や本を読んだり、興味のあった軍事問題に熱中して気を紛らわせようとしたけど、焼け石に水で、不登校の負い目が頭の中を占領してしまい、どんどん苦しくなっていった」

雅人は家にひきこもって、一人自分の不甲斐なさを責めたが、自己否定の言葉が頭の中を堂々めぐりするだけで、結論が出るわけではなかった。

「なんで俺はだめなんだ、と不甲斐なさにこだわっているうちに、心の傷がどんどん悪化していった」

そのうち、何が落ち度もない自分の人生を狂わせ、こんなに苦しい状況に追いやったのか、理不尽なものの正体を考えるようになった。浮かんできたのは、小学校と中学校で受けたいじめの場面だった。

「前に受けた古傷がまた出たという感じ。いじめでひどくやられたこととか、傷つけられたこと、いじめたやつの顔とか、名前、嫌な思い出が、何かの拍子にパッと浮かんでくる。すると、連鎖的にいじめのフラッシュバックが、次々とつながってその場面が蘇ってくる。考え始めたら、止めようと思っても自分では止められず、フラッシュバックの渦から抜け出れなくなった」

いじめのフラッシュバックは、雅人を不愉快にして、落ち込ませるだけではなかった。

「本当に恨みが心の中を占領して、いじめの傷ですけど、いじめた相手を殺したい、と思ったことさえあった。あと五、六年生の担任ですね。いまでも恨みがあります」

いじめのフラッシュバックから抜け出せずにいると、普通にあった親との会話も減って、二階にある自分の部屋にひきこもった。このころ雅人は心療内科で、過敏性腸症候群に加えて、過剰な不安やこだわりが日常生活にも支障をきたす、強迫性障害の診断を受けていた。特徴的な症状で、度をこしたこだわりは、いじめのフラッシュバックの時だけでなく当時、手洗いにもみられるようになった。

「トイレを出るときに、自分で決めた儀式があった。手洗いは、指の間の次は爪の間とか、手順が決まっていて、必ずルーティンの通りにやらないと気が済まない。トイレを出るときも、ここを拭かないと出てはいけないとか、あちこちを拭いたりしていた。邪魔されると嫌だった」

トイレに入ると、雅人は手洗いにこだわり、長時間儀式に時間を費やすようになったという。

「トイレの手洗いは、ひどいいじめのあった小学校五、六年のときから時間が長くなった。休み時間で間に合うか間に合わないかぐらいになったけど、なんとか授業に支障がでないように間に合って、中学三年までやってこられた。高校でひきこもってからは、自分でも分からないくらい、いつの間にかトイレの時間が長くなっていった」

病室の窓には鉄格子

手洗いに長時間の独特の儀式を持ち込んで、異常なこだわりを示したうえに、いじめのフラッシュバックに取りつかれて、部屋にひきこもってしまった雅人の症状を見て、父親は何とか治そうと、精神科病院での入院治療を持ちかけた。

「自分でも強迫性障害の症状を治したかったんで、入院に同意した」

父親の探してきた精神科病院に入院するため、父親と車で家を出た。病院で精神保健指定医の診察を受けると、閉鎖病棟の入院を指示された。雅人は入院には同意していたが、入院先が閉鎖病棟になるとは、夢にも思っていなかった。

「任意の入院になるので、開放病棟に入れると思っていた」

国の基準では、任意入院は、原則開放病棟での処遇で、夜間を除いて病棟の出入りは自由だった。雅人は出入りが厳しく制限される閉鎖病棟への入院には同意しなかったが、指定医の診察と保護者（当時）の同意があれば、入院させることができる医療保護入院となった。父親が雅人の医療保護入院に同意した。

「任意入院にすると、開放病棟に入り、自由に病院を出入りできることになっちゃう。病院としては、僕に勝手に家に帰られたら困る。親も困るから、医療保護入院にして閉鎖病棟に入れたんだと思う」

雅人は意に反して閉鎖病棟入院と言われたのに、強く抵抗したわけでもなかった。

「屈強な男性看護師が周りに二、三人いて、その場から逃げることもできないので、あきらめて従うしかなかった」

古びた病棟で、個室にはベッドがあるだけ。窓には鉄格子がはめられていた。雅人は、看護師から納得のいかないことを言われて、しつこく文句を言った。

「人格を否定されるような発言があった。親の顔が見てみたいとか、あなたみたいなだめな人間が、ここにいるとか」

雅人が看護師に食ってかかると、多動ということで押さえつけられて、尻に注射を打たれた。

「かなり強い鎮静剤で、その後のことはよく覚えていない。意識がなくなっちゃった」

病院での生活は単調だった。

「ご飯を食べて、薬を飲んで、ただそれだけ」

仲良くなって話をするようになった患者もいたが、トラブルもよく起こした。多くは雅人の手洗いに関係していた。

「閉鎖病棟なんでトイレの洗面所に石鹸がないんですよ。食べたり、飲み込んじゃう人がいるんで飲んでしまうから危険と、アルコール消毒液もなかった。

「トイレを使うと、ひたすら水洗いするしかないので、手洗いに何時間もかかってしまった」

その間、洗面所が雅人の独占状態になったので、利用できない患者ともめた。個室にはテレビもなく、一人でいると、いじめのフラッシュバックが頭の中を駆けめぐり、雅人を苦しめた。看護師ともよくもめた。

「強迫性障害の巻き込み症状というんですけど、先生を呼んでほしいとか、汚れているので手を洗ってほしいとか、さわらないでほしいとか、すごく面倒くさがられた。看護師さんに気に入らないことがあると、文句を言うんでけんかになった」

患者からも、看護師からも厄介者扱いされて、雅人は約三カ月後には退院となった。

「とにかく症状がひどいんで帰ってくれと。治ったんじゃなくて、先生がさじを投げたというか、病院としては、厄介者はお引き取り願いたいということ」

病院から自宅に戻ると、しばらくの間は普通の生活に戻って、部屋にこもることもなく、家族との関係も安定した。

「入院というショック療法で環境を変えると、強迫性障害の症状が少しはよくなる。部屋にこもって、いじめのフラッシュバックに苦しむ生活も落ち着いた。でも、いじめのフラッシュバックや手洗いへの強いこだわりが根本的に解消されたわけではないので、また症状が戻ってきて、すぐに元の生活に戻っちゃった」

睡眠削りニュース追っかけ

いじめのフラッシュバックと手洗い。この二つの次に、雅人の新たなこだわりの対象になったのは、意外にも、テレビやラジオから流れるニュースだった。思い出すだけでも苦しいいじめのフラッシュバックから逃れようと、雅人は興味のあったテレビのニュース番組に、関心を少しでもそらそうとした。

雅人は中学時代から、軍事や安全保障、政治などの問題に興味を持つようになっていて、ニュース番組はよく見ていた。最初は自分と意見が合わない評論家が、テレビやラジオでどんな発言をしているのか、事前に出演する番組を調べて、発言内容のチェックを始めた。

「嫌いな評論家が出ている番組は、何を言っているのか気になっちゃって絶対に見ていた。嫌いだけど気になっちゃう。気に入らないことを言うと、自分に言われたような気分になって、傷ついたりショックを受けたりした。頭に血が上っちゃって、番組が終わっても、その発言のことばかりが頭に残り考えていた」

嫌いな評論家の言動を追いかけているうちに、雅人は自分が関心のあるニュースだけでなく、番組で流れたニュースすべてに聞き洩らしがないか気になり始めた。

「ニュースは関心があったし大好きで、気を紛らわそうと見ていたけど、だんだん流れたニュースはすべて把握しておかないと、気持ちが悪くなった。聞き逃したりしたら、気になってしかたがない。これは強迫性障害の症状でしたね」

雅人の部屋は二階にあった。部屋の広さは六畳で、カーテンは昼間も太陽の光を遮断して、開けられることはなかった。

「近所の目が気になって、昼間恐怖症でした。周りは学校に行っているものと思い込んでいますから、音を立てて家にいるのを知られると、学校にも行かず何をやっているんだと疑いの目でみられるんじゃないかって、自意識過剰になっていた。平日、家にいることに罪悪感があった。夜は安心できた」

昼夜逆転の生活だった。すべてのニュースを漏らさず追いかけようと、雅人の部屋には、テレビが一台、ラジオが三台並べられた。夕方に起きると、雅人はベッドの上で、テレビとラジオから流れるニュース番組を追い始めた。テレビもラジオも、ニュース番組の時間は月曜日から日曜日まで、一週間分が雅人の頭の中にはすべて記憶されていた。

「五分間のニュースまで全部記憶していた」

テレビは起きている間はつけっ放しで、同じ時刻にニュース番組が重なると、リモコンでチャンネルを素早く切り換えるジャンピングで、それぞれの番組を見落とさないようにした。

「ラジオは、いちいちニュースの時間ごとにラジオ局のダイヤルに合わせるのが面倒くさかったので、三台ともあらかじめダイヤルを設定しておいて、時間が来るとスイッチをつけるようにした」

テレビ、ラジオのニュース番組が一斉に重なるときは、アナウンサーの声が、あちらこちらから雅人の耳に飛び込んできた。

「重なるときは、その声を聞き分けてました。異常でしたね。いまでもニュースの時間は頭に入っている」

ニュースは定時の番組だけでなく、情報番組でも流されるので、追いかける番組はかなりの数になった。

「あらゆる情報を取らないといけないとこだわっていたから、起きているうちは、一つたりともニュースを聞き洩らせない。トイレ以外はベッドの上から動けなくなった。ニュースの追いかけに縛られて、ストレスがたまって、いつもいらいらしていた」

睡眠時間は二、三時間になった。

父と取っ組み合いのけんか

ベッドの上から動かない雅人の食事は、母親が作って、二階の部屋まで運んでくれた。自室にこもって、一心不乱にニュースを追いかけまわす雅人の姿は、当然、父親の知るところにもなった。雅人の生活に不安を隠せない父親が、時折、様子をうかがいに鍵の付いていない部屋に入ってきた。父親の言葉の端々に、雅人を学校に行かせたい気持ちがあらわれた。

「生活をよくしろ。ニュースを聞くのをやめろ。学校に行け。将来はどうするんだ」

学校にも行けず、将来も見通せない不安の中で、不甲斐ない自分に一番苦しんでいたのは雅人自身なのに、そこを理解しようとせず、形だけでも早く社会のレールに引き戻そうとする父親に、雅人は反発した。

「父の言うことは、分かっているんですよ。でも結局、どうしようもないんで、反抗してけんかになる。将来の不安はずっとありましたね。不安で不安で、しょうがない。ではどうすりゃいいの。どうにもならない」

いじめの後遺症で、自分を肯定的にみることができず葛藤している雅人に、見せかけの自立を迫ることは、子どものためと言いながら、親自身が将来の不安から早く解放されたいだけのエゴだと映り、親子の断絶は深まるだけだった。

「親との関係で、だんだん追い詰められていって、家族の中でも孤立しちゃった。全然幸せじゃなく、落ち込んだ」

「どうするんだ」と迫ってくる父親とは、最後は言い合いになり、取っ組み合いのけんかになることもあった。最初の入院から一年になるころ、再び父親から精神科病院での入院治療の話があった。

「結構、強迫性障害の症状がひどくなっちゃっていた」

意に反して閉鎖病棟に入れられたにもかかわらず、雅人は自分も症状を改善したいという思いから、父親の見つけてきた別の精神科病院を訪ねた。

「ひきこもりの期間、全部で八回入院したんですかね。最初の二回は自分でもよくしたいんで、任意入院ということで、病院に行くのは同意したんです」

だが、二度目の受診も、最初の病院と同じことの繰り返しだった。また閉鎖病棟に入院させられ、病院がさじを投げる形で退院となった。

トイレでひきこもり生活

雅人が自宅にひきこってから、約五年がすぎようとしたころ、雅人の生活は自分でも思いもよらぬ形で一変してしまった。自分の部屋にひきこもって、起きている間はベッドの上で、テレビとラジオのニュース番組を追いかける生活は相変わらずだった。食事や洗濯など身の回りのことは母親がやってくれていたので、ベッドの上で生活の用は足りた。ただ一つだけ、ベッドから体を動かさなければならない用があった。二階の自室の隣にあった、トイレに行くことだった。

そのトイレさえ、雅人はベッドから降りて行くのが面倒になった。トイレに行くと、手洗いに時間がかかって、なかなか出てくることができなかった。さらにこのころ、雅人は自分の手で触れたところはすべて汚れてしまうので、トイレ以外は汚したくない、という妄想に取りつかれていた。

「小学校時代は自分の物を汚されるのがとにかく嫌だった。自分が汚すことはなかったんで。ランドセルはピカピカに磨いていたし、雑巾も汚すのが嫌だった。それがひきこもってからは逆転して、自分が汚いんじゃないか、自分が汚いんでさわったものは汚れてしまう、とさわることができなくなった」

ある日、雅人はニュースの追っかけをほったらかして、トイレに入ったまま、出てこられなくなった。

「いまでいえば異常な精神状態なんですけど、自分でも訳が分からない状態だった」

トイレのドアは閉めて、電気は点けたままだった。それまでのベッドから、座る場所は便座に変わった。食事とペットボトルの水は、それまでと同じで母親が運んでくれた。食べるのも寝るのも、雅人の体には小さい便座に座ったままですませた。

「最初は寝ると体が痛かったが、そのうち痛みもなくなった」

トイレにひきこもっている間は、ニュース番組の追いかけに費やしていた時間が必要なくなった。ニュースに代わって雅人の頭の中をいっぱいにしたのは、やはりいじめのフラッシュバックだった。

「ずっといじめのことを考えていた。あとは現実逃避とかもありましたね」

現実逃避とは、過去にタイムスリップして、人生をやり直している夢を見ることだった。

「幼稚園の後、あのまま引っ越さなければよかった。ほかの小学校や中学校に変わっていたら、高校は別のところに行っていたら、いまだったらやり直せる。そんな空想をしていましたね。人生の分岐点にタイムスリップできたらいいなって、そんなことばかりを考えていた」

いじめのフラッシュバックや、人生のタイムスリップの夢に疲れると、雅人は便座の上で眠った。最初は十日間、トイレにひきこもった。だが、ニュースが気になってベッドの上に戻ってしまった。

「トレイには短くて一週間、長ければ一カ月の間、ひきこもっていた。ひきこもっているうちに、外で何が起きているのか、ニュースで知りたくなる気持ちが抑え切れなくなると、トレイからベッドの上の生活に戻った。その繰り返しだった」

トイレが面倒くさいとトイレにひきこもる生活と、ベッドの上でニュースを追いかける生活を交互に繰り返す生活は、約一年間続いた。

「なぜこんなことを繰り返していたのか。説明ができればいいんですが、病気の症状なんでしょうね」

便座の上で一年、膝が硬直

雅人がトイレとベッドの生活を行ったり来たりしていたこの一年間は、十三年間のひきこもり生活の中でも、家族にとっては最もつらい時期だった。最初のトイレのひきこもり生活に入って間もなく、同居していた祖母が突然、脳梗塞で倒れた。一命は取り留めたが、重い後遺症が残り、寝たきりの状態になってしまった。介護サービスの必要度を判定する要介護認定は、最も重い要介護5で、二十四時間の介護が必要だった。介護ヘルパーを利用したが、両親の介護の負担をたいして軽減するものではなかったという。

「デイサービスの利用は無理だし、ショートステイも入所の希望者が多く、入所待ちだった」

かといって部屋にひきこもった雅人は、祖母の介護の戦力として期待できる状態にはなかった。それどころか、雅人の世話に加えて、祖母の介護という過酷な仕事が両親の肩に重くのしかかってきた。

「父はかなり追いつめられて、精神的に不安定になっちゃった。介護に追われ、自分の事業の仕事も全然手に付かなくなった」

父親は自営業で事務所を構えて仕事をしていたが、祖母の介護が大きな負担となって、仕事との両立がうまくいかず、経済的にも苦しかった。祖母を介護施設に入所させる選択もあったが、費用の問題であきらめた。

「父と母も生活がいっぱい、いっぱいだった。誰も助けてくれないし、頼る友だちもいない。家中が無茶苦茶だった」

両親も雅人ばかりをかまっている訳にはかず、トイレにひきこもっていることは分かっていても

「しょうがないみたいになっちゃった」と雅人は言う。

「親は追い詰められちゃって異常な状態だったので、僕を引っ張り出すことができなかった。祖母が倒れた直後、事情を知らないで、父とトラブルになったのを覚えている。トイレから出られないから、食事と水を持ってきてくれと父に文句を言ったんです。飲まず食わずでいたもんで。そしたら、父から、おばあちゃんがこんなになっているのにと言われて、けんかになった」

介護の合間をみて、父親が雅人の部屋に来ることがあった。祖母の介護を抱えて将来の生活不安が大きかったのだろう、ひきこもったままの雅人に「これからどうするんだ」と聞かずにいられなかった。

「話をしていると、最終的にこれからどうするんだ、という話になっちゃう。僕も、いじめに父がきちっと対応してくれなかったじゃないかと責任を転嫁して、あのときこうしてくれたらよかったのに、と言い合いになる。父も追い詰められていて、言い合いが激しくなり、ときには取っ組み合いのけんかが始まる」

将来の展望が見えないまま、お互いが傷つけあった。家具は壊れ、殴り合いのけんかになって、警察を呼んだこともあった。

「うちだけ、なんでこんなに災難が降りかかるんだ」と父親は嘆いた。

家族がいつ崩壊してもおかしくない中、祖母が倒れてから約一年後に亡くなり、介護の負担はなくなった。祖母の死と入れ替わるようにして、今度は雅人がそれまでにない長期間、トイレにひきこもる生活を始めた。

「そんなに長くひきこもろうとしてひきこもったわけじゃないのに、気が付いたら一年間、トイレに入ってました」

介護の負担がなくなり、父親がトイレから引っ張り出そうとしたこともあったが、雅人が激しく抵抗して、引き出せなかった。トイレでの生活が二、三カ月になったころ、雅人の体に異変が起きた。ずっと便座に座り続けていたので、関節が固まって、足を真っ直ぐに伸ばせなくなってしまった。

「立ち座りもできない。お尻の肉が落ちて当たると痛かった」

食事は一日二回に減り、食欲もなかった。

「体が動かなくなったらトイレにいるのが嫌になるはずなのに、そうならなかったのがおかしい。死ぬんだったら、このまま死んでいい、と思っていた」

風呂にも入らず、髪の毛も伸び放題だった。

「人間て、風呂に入らなくても、平気なんだなと思った」

雅人は膝が動かないようになってからも、便座に座ったまま、いじめのフラッシュバックと現実逃避のタイムスリップの世界が、頭の中に現われては消え、現われては消え、時間がすぎていく生活を続けた。トイレにひきこもってから一年後、父親と親族の男性にトイレから引き出されたときは、長い不自由なトイレでの生活で、体力も落ち、雅人に抵抗する力はすでに残っていなかった。

「足の膝が曲がったまま、トイレから担架のようなものに乗せられて、車まで運ばれた」

行先は精神科病院だった。

多剤投与で意識がもうろう

雅人はひきこもっていた間に、全部で八回、医療保護入院で閉鎖病棟に入院させられたが、今回が何回目の入院だったかは、いまも思い出せないという。

「八回のうち、最初の二回は入院するつもりで行ったが、閉鎖病棟だとは夢にも思わなかった。次の二回は、受診するだけだからとだまされて病院に連れて行かれた。残りの四回は、病院に行くのを拒否したのに、力ずくで連れて行かれた」

入院をしても膝は曲がったままで、ベッドの上に寝かせておかれ、整形外科の治療は受けさせてもらえなかった。曲がった膝をそのままにしておくわけにもいかず、雅人は膝の回復に自己流のリハビリを始めた。

「膝を柔らかくしていると、少しずつ足が伸びるようになった。体力が戻ってくると、つかまり立ちで徐々に立ち上がれるようになって、少し歩けるようになった。高齢者が使う歩行器を貸してもらって、それにつかまって病棟内を歩いて回る練習をした。二、三カ月で動けるようになった」

膝に後遺症が残り、いまでも階段を早足で上り下りできない。この病院には四カ月近く入院したが、何種類もの薬を服用する、多剤投与の弊害が大きかったという。

「多剤併用がひどくて、そのころの記憶が抜け落ちちゃっている。十数種類の薬を何十錠と飲めという感じで、歩行練習のときも意識がもうろうとして、足元がおぼつかなくて危なかった」

雅人の様子が変なのに気が付いた父親が、退院をさせた。

「本当に変だったから、父もまずいと思った」

病院から自宅に戻って、トイレにひきこもる生活に再び戻ることはさすがになかった。だが、ニュース番組に強いこだわりをみせて、ベッドの上からテレビ、ラジオで追いかける生活は相変わらずだった。雅人と父親との関係も、祖母の介護と雅人のトイレのひきこもりという修羅場を経験しても、大きく変わることはなかった。同世代は高校を卒業して大学に進学、あるいは就職をしていた。父親は学歴のレールにこだわり、雅人には同世代から遅れても、学校に戻ることを求めた。

「まず学校に行きなさいって、普通の学校に。普通の学校に行かないと、就職できない。大学まで行かないと。どうするんだ、分かっているのか、と言う」

いじめの被害が大きく影響した強迫性障害の症状に長く翻弄され続けている雅人にとって、父親の要求は、雅人の負った心の傷口に塩を塗りつけるようなもので、被害者が自分の置かれた現状の責任まで追及される、という不条理の世界に映った。

「まだ学校に行けばなんとかなる、だから生活を変えなければいけない。父にはこの思い込みが強くて、ひきこもっている子どもの気持ちをまず受け入れよう、というのは無理でしたね」

身体拘束に「発狂するかと思った」

それから何回か精神科病院への入退院を繰り返した後の二〇一四年の春、雅人は最後となる入院をした。冒頭で紹介した病院の閉鎖病棟だ。ここで雅人は投薬拒否を理由に、保護室で三週間、ベッドに万歳をした格好で拘束された。食事は、鼻から挿入されたチューブで胃に栄養剤を送り込まれた。排泄は紙おむつだった。拘束が解かれた後も三カ月、保護室から出られなかった。保護室は独房と同じでベッドしかないんで」

「発狂するかと思った。

雅人は父親に手紙を書いて、自分が受けたひどい身体拘束の実態を訴えた。手紙は届いたが、父親が面会に来ることはなかった。

「医者に一年ぐらい会わないでくれ、と言われたらしい。ほっといてくれと。甘やかすからだめなんだと」

手紙を書いても父親が動かないと分かると、今度は見つからないように病棟にあった公衆電話から家に電話をした。

「本当はいけないんだけど、電話がOKな患者さんからカードを借りて電話をしたんです。何回かばれてしまいましたけど、隠れて電話をしてました」

やっとのことで父親が面会にきてくれたが、退院には首を縦に振らなかった。

「父は僕に絶望して、親子の縁を切って、ずっと病院に入れておくつもりだった」

雅人が面会で病院の処遇の悪さを訴えても、父親の気持ちは変わらなかった。

「いくら訴えても、症状が治ってないわけだから、家に戻ってきても困る」

父親は祖母の介護のころから、精神的に不安定になり、それが続いていたという。

「父の調子も悪く、うつ状態で、何もできなくなっちゃって、ほかの病院を探す気力もなくなっちゃってた」

家族だけではひきこもりの問題を抱えることはできず、父親は行政の窓口に助けを求めた。

「市役所に相談に行ったんですが、当時はひきこもりの窓口がなくて、相手にしてくれなかった。保健所も行ったんだけど、一回相談にのってくれただけで、保健師の訪問もなかった」

ひきこもりの子どもを持つ親たちがつくる家族会にも顔を出してみたが、何回か通って切れてしまった。「家族ごと社会から孤立してしまった」と雅人は言う。

退院後は一人で生きていく

父親の考えが変わらない限り閉鎖病棟から出ることができないのでは、という絶望的な状況で、雅人の将来にかすかな光がさしたのは、処方された強迫性障害の症状を改善する薬が効き始めたことだった。

「ひきこもって十三年間、いろんな薬を飲んだけれど全然合わなかったし、効かなかった。それが、新しく処方された薬が、たまたまうまく合った。何があるか分からないですね」

薬が効き始めると、いじめのフラッシュバックや、手洗いの儀式などへのこだわりが、少しずつだが抑えることができるようになった。

「自分でも嫌気がさしていた。生活をなんとかしなくちゃ、ここを出られないと。そこに薬が効いて、少し調子が出てきた。なんとか治してやる、という気持ちが出てきた。前向きになって、ここを工夫すればここがこう抑えられるんじゃないかとか。それがうまくいって、歯車がいい方向に回り始めた」

自分の精神状態に改善の兆しが見えると、雅人の表情にもわずかだが明るさが戻ってきた。面会にきた父親にも、こうした雅人の変化は感じ取れた。

「明るくなったことは確かで、それまでの入院ではなかった」

退院に向けた扉がようやく開き始めた。

「この時期、膝のじん帯を切ったことも、退院へ父の背中を押した」

雅人は手洗いの時間が長すぎることで、看護師とトラブルになって二回目の保護室送りとなった。三カ月がすぎて出てきたとき、転んで床に膝を強く打ちつけた。

「左の膝のじん帯を切って、血がたまってパンパンに腫れたのに、痛み止めの飲み薬と、湿布薬をくれただけで、きちっとした対応をしてくれなかった」

父親も病院の対応に不安を覚えて、退院を決断する一つのきっかけになった。こうして雅人は父親とある約束をして、退院できることになった。

「アパートを借りて、一人暮らしをするという条件で、病院を出してもらえることになった。家に帰るとまた症状が戻っちゃうから、親は退院後の生活に関与しないということにした」

雅人も自分一人で生活していくつもりで、家の敷居はまたがない覚悟だった。退院が決まると、一カ月前から準備が始まった。病院のケースワーカーが、退院して一人暮らしをする雅人の生活をどうするか、相談に乗ってくれた。当初、雅人は生活保護を申請して一人で自立して生活をしていく計画だった。親も市役所の生活保護の窓口に出かけて相談してくれた。

「生活保護の手続きはうまくいかなくて。結局、親に面倒を見てもらえ、ということだった」

生活保護を受給して自立する計画がだめになり、ケースワーカーから次に提案があったのは、障害年金の受給だった。障害年金は、病気やけがによる障害で、生活や仕事に支障が出るようになった場合、受け取ることができる。障害年金二級に当たる雅人の場合、支給額は生活保護に比べると大きく下がるが、月六万五千円になる見通しだった。

「自分を精神障害者と認めることは、最初は嫌でしたね。でもだんだん変わってきて、利用できるものは利用しないといけなくなった。父の仕事はほとんど回っていなかった。収入は親が高齢なので年金が入ってきて、あとは貯金。親を頼るわけにいかなかった」

父親は七十代になっていた。雅人は約十カ月ぶりに病院を出て、自宅に戻った。八回の入院経験の中では最も長い閉鎖病棟での生活だった。結局、父親の同意で、意に反して八回も入院させられたことには、恨みはないという。

「父も精神的にいっぱいいっぱいだったので、他に方法がなかった。自分もそれだけ父に迷惑を掛けた。家族なので恨んではいない」

自己流のコミュニケーション

自宅に戻ると、近くにアパートを借りて、一人暮らしの準備をした。そのままアパートに移るつもりでいたが、自宅での生活にこれまでの退院時と比べて変化がみられた。いじめのフラッシュバックやニュース番組の追いかけ、手洗いの儀式といった強迫性障害の強いこだわりが改善されて、家族との関係が悪化せずにいたのだ。これまではすぐに症状が戻ってしまったが、自分の部屋にひきこもることもなく、症状を抑えることとできていた。

「いじめのフラッシュバックは、頭に浮かぶ相手の顔とか名前とかを消そうとするから余計気になっちゃう。手洗いもそうですけど、止めようとすると余計ひどくなり、不安が増幅される。逆にこだわりを自分の病気の症状だからしかたないと受け入れて、ある意味で割り切ると、気持ちが楽になる。そこでこだわりの連鎖が断ち切れて、症状が薄らいでいく」

とりあえずは家にいて、一人暮らしは様子を見ることにした。雅人が自立に向けて動き出したのは一カ月後、地元のＮＰＯ法人が市の委託を受けて運営していた、精神障害者を対象にした居場所に参加してみた。精神科病院のケースワーカーからの情報で、退院したら行ってみることにしていた。

「そこは何のプログラムもなくて、行ってもやることがなくてボーッとしている。働きにも行かせてくれないし、そこはただいるだけだった」

経済的な自立を目指していた雅人は、就労の支援をしてもらえる場所を探していた。次に訪ねたのは、別のNPO法人が運営していた、精神障害者ための就労移行支援事業所だった。就労移行支援事業所は、専門の職員が利用者の適性に応じた職業訓練や職探し、職場への定着のための支援をすることになっている。ストレスへの対処やコミュニケーション能力の向上、パソコンの習得など、就労に必要な知識や技術の講座やプログラムが組まれていた。

「学校と同じで、毎日の時間割が決まっていて、参加者は同じ講座やプログラムを受ける。十人ぐらいだけど、学校との違いは年長者が多くて、同世代がほとんどいなかった」

対人恐怖で集団が苦手な雅人は、同じクラスの参加者と、うまく付き合っていけるか心配だった。参加者のうちひきこもりを経験していたのは雅人だけで、あとは統合失調症や双極性障害の人たちだった。雅人は入院中や自宅にいたときに考えた、自己流のコミュニケーションの取り方を実践してみた。

「こちらからこう挨拶しようとか、こう話しかけられたら、こう言おうとか、とにかく積極的に話をしないとだめじゃないかという結論に達していた」

「今日はいい天気で寒いですね」から始まって、差しさわりのない世間話を、雅人は意識的に年長者が多かった参加者に話しかけていった。

「最初は緊張したけど、たまたまいい人が集まっていて、いい感触を得て、引っ込み思案だった自分がこんなに話せるんだ、と分かった。それからはどんどん話しかけていくようになって、人間が怖くなくなり、人と会うのが楽しくなった」

就労移行支援事業所のプログラムを離れて、気の合った仲間で一緒に食事をしたり、遊びに行ったりするような付き合いになった。雅人は就労移行支援事業所に通い始めると、通信制高校にも入学をして、高校の学習をやり直そうとした。

「中卒では就職はまずない。入学した公立高校は除籍になっていたので、高卒資格を取ろうと、入り直した。通信制は学校で授業を受けるのは、土日のスクーリングのときだけですむので、週五日の事業所のプログラムとも両立できた」

通信制高校のスクーリングでも、就労移行支援事業所と同じやり方で、積極的に近くに座った人たちに話しかけた。

「僕が話しかけてうまくいって、おばさんたちのグループと仲良くなった。だんだん年下の元気な子とか何人かとも仲良くなって、スクーリングでも自信がついた」

就労移行支援と通信制高校の二つの道が開けたことで、雅人は少し将来の展望が開けたという。

「事業所に通えて、障害者雇用枠での就職を目指すという目標ができた。それに、通信制高校で高卒資格を取れば、障害者雇用でなくても働ける可能性がある。二つの道で、将来が見えてきた。人間は希望を持っていないと生きていけない。将来はお金がなくなって餓死するしか道がないいんじゃないかと思ってたんで、安心感を持てた」

朝は早く起きて就労移行支援事業所に行き、集中して就労のための講座やプログラムを受け、通信制高校のスクーリングでも新たな人間関係を築いて楽しく通っているうちに、いじめのフラッシュバックや手洗いの儀式、ニュース番組へのこだわりは、いつの間にか消えていったという。

「退院してすぐのころは、まだ症状が残っていた。社会に出てからは、ちゃんと予定を入れていくとか、人と会って話をするとかして、生活に前向きになると、関心の対象が新しい生活の出来事に移っていき、それまでのこだわりが引いていく感じになった。一つの成功体験ができると自信がついて、次もできる。毎日が少しずつ満たされていき、充実した日々を送ることで、不安が消えていった。いい循環に入っていった」

家族との関係が安定して、生活にリズムができたことで、一人で暮らすために借りたアパートも結局、使わずに終わった。

就職先はひきこもりの「引き出し屋」

就労移行支援事業所の利用期間は二年間となっていたが、雅人は一年で仕事を見つけようと就職活動を始めた。就労移行支援事業所の主な役割は職業訓練であって、模擬面接や履歴書の書き方などの指導はしてくれても、個別の企業への就職斡旋はしないので、就職先は自分で見つけなければならなかった。二〇一五年の年末、雅人はハローワークに出かけ、障害者雇用枠で応募しようと求人票を探した。見つけたのは、ひきこもりの当事者たちの自立支援を掲げる施設の、相談員兼指導員の募集だった。

「求人票には、ひきこもりの人の自立支援寮とあって、農園のシェアハウスで生活しながら自立を目指すひきこもりの方を支援する、とあった。僕もひきこもりの体験があったので、一番の魅力は、ひきこもりの人たちの支援ができることだった」

それに雅人は園芸が趣味だったので、趣味を生かしての支援ができるかもしれないという期待もあった。必要な書類を送ると、施設側から連絡があり、面接を受けることになった。

「面接のときは、就労移行支援事業所の職員に同行してもらうことができるんですが、僕は早く面接をやりたかったので、自分で決めて一人で行きました」

採用は面接だけで決まった。

「自分のひきこもり体験を話すと、なぜひきこもりの人の支援をしたいのか、思いを聞かれた」

入寮者を迎えに行くこともあり、危害を加えられる恐れもあるとの説明があったが、そのときは、特に気にも留めなかった。障害者を三カ月間、試行雇用すると、事業主には、期間中は国から助成金が支給される「障害者トライアル雇用」での採用だった。

「パート社員で、時給は千円と、契約書には書いてありましたね」

雅人が採用を就労移行支援事業所の職員に報告すると、職員が就労後の職場への定着にどのような支援が必要か、施設側と相談をしようとした。

「施設側からだめだと言われた。変なところだね、と職員と話したけれど、最終的には僕が希望しているんだからいいんじゃないか、となって就労を決めた」

年明けの一月から雅人は働き始めた。施設が運営する寮の相談員兼指導員となっていたが、どんな仕事をするのか特に研修があるわけでもなかった。働き始めて数日後の夜、雅人は職員六人ほどで車に乗って出かけた。目的は車の中で、施設の代表から知らされた。

「ゴミ屋敷で暮らしている男性を、このままだと死んでしまうので、うちの寮に連れてくる。親御さんも困っているし、うちで預かることとなった」

ひきこもりの男性を引っ張り出して、寮に連れて行くというのだ。施設は「引き出し屋」と呼ばれる民間団体だった。このときは、雅人は代表の説明に納得してしまったという。踏み込んだとき、逃げられないように、事前に逮捕術も教えられていた。

「途中で暴れたり、危害を加えてくることがあるので、制圧するためにどうやって相手の手足を取って拘束するか、教え込まれた」

午前二時ごろ、マンションの駐車場に着くと、車を止めて朝まで車内で待機した。午前九時になると、男性が暮らす部屋にみんなで一緒になだれ込んでいった。

「立派なマンションで一人暮らしをしていて、最初、親が何々ちゃんと名前を呼びながら、中に入って行った。一歩入るとゴミ屋敷で、日に当たると病気になると思い込んでいたらしくて、真っ暗な部屋に閉じこもっていた。男性を見つけると、無理やり外に引っ張り出してきて車に乗せた」

雅人は、自分が部屋から無理やり引き出されて、閉鎖病棟に入れられた経験が何回もあるにもかかわらず、ひきこもりを理由に部屋から強引に男性を引き出すことが、人権を無視した行動だとは、当時思わなかった。

「自分のケースとは違うって、勝手に思っちゃっていた。一歩部屋に入ったとき、本当にひどい環境で、このままじゃいけない、何とかしてあげたい、そのほうが彼のためになる、と都合のいい論理なんですけど、そう思った。だから、引き出しに手を貸すことに抵抗はなかったですね。代表の説明を聞いて、人助けのいいことだと思い込んでいましたから」

もう一つ、施設に雇ってもらっているという認識が、雅人の感覚を鈍らせた。

「不思議なところですけど、施設にせっかく雇ってもらっているんだから、仕事に誠意を見せないといけない、という意識もあった。仕事なんだと割り切った」

「軟禁してるだけじゃないか」

雅人が相談員兼指導員の肩書で仕事を始めた施設の寮は、貸し家の民家をリフォームした大きな二階建ての建物で、開設されて間もなかった。部屋数は八室で、一部屋に二人が入居できた。通常十人ほどがここで集団生活をしていた。親の依頼で寮に連れてこられた人ばかりだった。相談員兼指導員の肩書はあったが、雅人に決まった仕事があるわけではなく、入寮者の情報はないも同然だった。

「研修もないし、マニュアルもないし、スキルもない。個人情報も名前だけですよ。年齢も分からない。どんなバックグラウンドで入寮したかも教えてくれない」

入寮者はテレビを見たり自室にこもったりしているだけで、施設は入寮者の自立支援をうたっていたが、特にこれといった支援のプログラムがあるわけではなかった。

「プログラムもないんで、こうしたらいいとか提案をしたんですけど、聞いてもらえなかった。現場からは何も言えない雰囲気があって、上からのトップダウンの命令があるだけだった」

求人票にあった農園も「猫のひたい程度の家庭菜園だった」と雅人は言う。勤務は二交代で、夜勤は夜の九時から翌朝の九時まで、日勤が朝九時から夜の九時まで十二時間勤務だった。四時間は休息のはずだったが、実際はなかった。夜勤は、入寮者が逃げ出さないように玄関で一晩中、見張り番をしていた。

「料理は最初のころは僕がつくっていた。カレーとかいろいろ。みんなを集めて黙々と食べて」

寮には電話がなく、入寮者は携帯電話を取り上げられていたので、外との連絡はできなかった。問題を起こさない従順な入寮者は、監視つきで散歩ができた。

「逃げる可能性ある人は、ドアとかロックしてましたから」

それでも、ただ管理されているだけの寮生活から、隙を見て、逃げ出そうとする入寮者はいた。

「警察に逃げ込んだけれど、連れて帰ってこられたり、二階から飛び降りて救急車で搬送されたり」

入寮者の出入りも実態がよく分からなかった。いつの間にか来て、いつの間にかいなくなった。ひきこもりではない人も寮にはいたという。

「簡単なアルバイトしているのに、ごくつぶしだと言って無理やり入れられた人もいた」

雅人は、寮での仕事が入寮者の自立支援と言いながら、支援のためのプログラムはなく、実際にやっていることは入寮者の監視でしかない、と思うようになった。

「自分たちが何をやらされているのか分からない。職場の透明性もなく、おかしい。あれじゃ入寮者を軟禁してるだけじゃないか、人権侵害だ、と思うようになった」

夢はジャーナリスト

施設で約一年三カ月働いた後、雅人は大学進学を理由に仕事をやめた。雅人は施設の寮で働きながら、通信制高校の勉強も続けていた。やめる前年の秋、二年生のときに高等学校卒業程度認定試験に合格、その後、私立大学の通信教育部に進むことが決まっていた。入学した通信教育部は、スクーリングだけでなく、専用のキャンパスで平日も講義が受けられるシステムだった。雅人は入学した年の秋から、大学に通いながら、再び就労にチャレンジした。

「大学を卒業するのを待つと三十代半ばにもなっちゃう。家が経済的に厳しくなったので、少しでもお金を家に入れないといけない。それで働き場所を探し始めた」

父親は雅人の生き方を理解しようとしてくれるようになったが、いまもうつ状態からうまく回復せずにいて、働ける状態ではない。一家の生活は親の年金が頼りだった。雅人は家計を少しでも助けようと就職活動を始めたが、大学での求人情報も少なく苦戦の連続だった。

「あちこちのハローワークにも行ったし、百社ほど書類を出したのに、ほとんどはじかれちゃった。履歴書にひきこもりの空白期間があると非常に厳しい。それだけでエントリーシートで足切りされて、面接にも数社しか行けなかった。面接に進んでも、君のやる気とか能力とかは分かるが、ブランクがあると、また病気が再発するんじゃないか、やっぱり心配だ、と言われる。ひきこもりとか不登校とか、一度レールを外れたブランクのある人にとって、日本の社会は厳しい。この中途半端な空白は何してた、となる」

翌二〇一八年四月には、やっとテレビ番組の制作会社に就職できたが、そこは三カ月で雇い止めとなり、仕事を失った。その後も三つの会社を転々としたが、年明けに就職した三社目の会社は不動産関係の業界紙だった。職種は取材記者で初めての経験だった。雅人には夢があった。

「日本の安全保障や政治の問題にジャーナリズムの世界で、記者や編集者として関わっていきたいというのが、僕の夢なんです」

取材の分野は安全保障とは大きく違っていたが、自分の足で歩いて取材した記事が、紙面に掲載されるのは達成感があった。取材や記事の書き方のノウハウも身について、仕事自体は面白くて気に入っていた。

「ただ取材をして原稿を書き上げると、連日帰りが終電車になってしまい、家に着くのは午前一時ハードワークで、睡眠時間が削られてしまい、心身ともにつらくなり、雅人は結局、体調を崩して五カ月でやめざるを得なかった。いまはアルバイトをしながら体調を整えている。この間、就職をしても、なかなか職場に定着できない厳しい現実を目の当たりにしたが、雅人はめげずに「前向きな自分が好き」と、夢をあきらめず追い続けている。

「ひきこもりの時代に、どん底で自暴自棄になった経験をしているので、いまは前を向いて、前進するのみ。最近は少し満たされた気持も出てきたので、不安はもちろんありますけど、自分であきらめの付くところまで努力してやってみて、少しでも夢に近づきたい」

を回っていた」

第二章　母子二代でひきこもりを経験

よもや息子がひきこもるとは

智子（仮名）と智子の母親の二人が、郊外にあるショッピングモールで、いつもの買い物コースを終えて休憩コーナーで休んでいると、一緒にきた智子の長男の俊夫（仮名）が、手にしたホームセンターのチラシを熱心に見ていた。二〇一八年の春のことだ。

「何か欲しいものがあるの」と智子がのぞくと、俊夫はチラシにあった自転車の広告に目を凝らしていた。「ホームセンターに行ってほしい」と言うので車で寄ると、俊夫はわき目も振らず自転車売り場に直行した。自転車を買うのか智子が聞くと、折りたたみ式の自転車を眺めていた俊夫は「買おうと思うんだ」と言った。智子はその言葉に心の中で「へえー、自転車で外に出かける気になったのかな」とちょっぴり期待を膨らませた。

俊夫が自転車に乗るのは、中学生のときに通学に使って以来のことだった。中学の音楽の授業での指導がきっかけで、三年生の二学期から、本格的な不登校になった。そのまま約十四年間、自宅にひきこもる生活が続いていた。

結局、俊夫は青色の折りたたみ式自転車を買ってもらい、車に積んで帰った。自転車のサドルが気に食わなかったらしく、自分で取り寄せたものに取り換えて乗り始めた。智子は、自転車でせいぜい近所のコンビニに買い物に行くぐらいだろうと思っていたが、俊夫が片道四十分もかけて祖母の家を訪ねたのにには驚いた。

「すごい進歩だと思った」

長い間ひきこもっている俊夫が、親に言われたわけでもなく、自発的に自転車を買って、近所のコンビニはおろか祖母の家まで一人で遠出をしたのだ。家の中でも、夕食を黙って食べるとそのまま二階の部屋に戻ってしまっていたのが、そのうち食後は家族の食器を洗い、智子の帰りが遅いときには、夕食を作ってくれるようになった。こうした家事の手伝いや自転車での遠出といった俊夫の行動の広がりに、智子は「変化のサインでは」と心が弾んだ。

「車なら乗ってしまえば、顔も見られずにすっと通りすぎちゃう。自転車はそうはいかない。近所の目にさらされるわけだから、ひきこもりの経験者だった私からすれば、自転車で外出することは絶対にあり得ないことでした」

実は四十九歳の智子自身、二十代のころにひきこもりの経験があった。看護婦として病院で忙しく働いていたが、突然、心と体に変調をきたして、仕事も育児も家事もできない状態に陥った。体調は容易に回復せず、智子は泣く泣くあこがれだった看護婦の仕事をやめた。夫と二人の幼い息子とも別れて、一人実家に戻ると、約四年半もの間ひきこもった。

その後、智子は息子たちに会いたい一心で、ひきこもりを脱して、再び家族と一緒になった。よもや俊夫がひきこもるとは、智子は夢にも思わなかったが、母子二代でひきこもりを経験することになった。

夢は白衣の天使

智子が物心ついたころ、まず家の中で目に入ったのは、山のように積まれた使い捨ての注射器セットだ。それは父親が重い糖尿病を患っていて、治療で使う自己注射の注射器だった。糖尿病は、すい臓から分泌されるホルモンのインシュリンが不足して高血糖が慢性的に続き、重大な合併症を引き起こす病気だ。父親も後に合併症を発症して視力を失う。

父親は、家にいるときは血糖値を抑えるインシュリンを自己注射で補っていたが、好きな酒をやめられなかった。

「糖尿病のくせにアルコールの摂取量もすごかった。一日で一升瓶の半分くらいを飲んじゃう。酒をやめるなら死んだほうがいいと思っているような飲み方でした」

父親は飲酒による高血糖で、症状が悪化するたびに入院を繰り返した。

「糖尿病で自分の体が思うようにならないというのもあって、父は短気で夫婦げんかが絶えず、よく父の怒鳴り声がしていました。お酒はいけない、とやめるように言おうものなら、一升瓶を投げつけられることもありました」

智子は「慣れちゃえばこんなもんか」と思ったが、父親の機嫌が悪いのを察すると、自分の部屋に逃げ込むようになった。

「父が〝瞬間湯沸かし器〟なんで、いつカーッとくるのか分からない。でもしょうがないなって」

入退院を繰り返すので、父親の仕事は長続きせず、転職が多く家計は苦しかった。智子は、欲しいおもちゃがあっても「欲しい」と言えず、我慢するしかなかった。

「友だちに、一人っ子は何でも買ってもらえていいねと言われたりしたけど、父の入退院で生活は楽なほうではありませんでした。当時はリカちゃん人形が流行っていて、友だちはみんなが持っていたけど、親に買って、と言えなくて、自分でリカちゃんの絵や着せ替えを描いて、一人で遊んでました」

家はピリピリした雰囲気が漂っていたが、小学校では友だちと一緒に遊ぶのが楽しみで、クラスの中で孤立するようなことはなかった

「友だちとわいわい一緒にやっているのが楽しくて、授業の休み時間はトイレや水飲みに連れ立って行ったり、昼休みは男女関係なくドッジボールをやったり、自分たちでいろいろ遊びを考えて楽しんでいました」

小学生ともなると、美容室を開いていて忙しかった母親に代わり、智子も父親の着替えを持ってよく病院に通った。

「洗濯物を取り替えて、しばらく父の話し相手をして帰りました。父は病院にいるとさみしいみた

いで、帰ってほしくない顔をしていた」

病院で働く医師や看護婦は、智子にとって小さいころから身近な存在だった。小学三年生のとき、図書館にあった「白衣の天使」として知られるフローレンス・ナイチンゲールの伝記を読んだことをきっかけに、智子は「看護婦になるのもいいな」と思い始めた。

「イギリスの裕福な家庭に育ったのに、命の危険を冒してまでも戦争に従軍し、多くの兵士を献身的に看護した話が、子ども心にもすごく印象に残って、私もナイチンゲールのように献身的な仕事がしたいと思った。それに白衣の天使の看護婦は、やっぱり病院で見ていても格好いいというのもありましたね」

小学校を卒業するころには、智子の心の中で、将来は看護婦になることが、はっきりとした夢になっていた。この看護婦になる夢が、中学一年生のときに起きたいじめ事件で、智子を救うことになった（看護婦の名称は、保健婦助産婦看護婦法が二〇〇一年、保健師助産師看護師法に改正されて、看護師と変わった。本章は改正前の時期に当たるので、当時の看護婦を用いた）。

みんなこそこそ離れていく

智子は地元の公立中学に進んだが、一年生の三学期、ひょんなことからいじめの標的になってしまった。智子の黒いセーラー服の肩にちょっぴり白いフケが付いていた。それを目ざとく見つけた男子生徒が、教室にいたみんなに聞こえるような、大きな声で「バッチー」と叫んだ。これをきっかけにして、智子を標的にしたクラスのいじめが始まった。

「男子はふざけ半分で、ちょっと私の制服にさわっただけで、『バッチー』と、これみよがしに大声で言う」

智子を大声でからかう男子生徒とは対照的に、女子生徒によるいじめは陰湿だった。

「女子は男子のように面白がって、からかうようなことはしない。でも女子特有のいじめがあって、私が話しかけようとすると、みんなこそこそと離れていく。女子のリーダー的な子がいて、智子ちゃんと話すんだったら、あんたとはもう一緒に遊ばないよ、という暗黙の了解ができて、それを破ると今度はその子がいじめの対象になりかねないから、みんな従う。グループ分けのときに、私と一緒だと嫌だという態度を露骨にみせることもありました」

しかも、こうしたいじめは、担任をはじめ教師には悟られないよう、決して教師の前ではしなかったという。いじめが待つ学校に行くのがもう嫌になり、三月のある日、智子は病気でもないのに初めて学校を休んだ。朝はいつも通り「行ってきます」と声をかけて自転車で家を出たが、向かったのは通い慣れた通学路ではなかった。

「ゲームセンターといった遊ぶ場所が近くにあったわけではないので、足のむくまま自転車をこいで、その辺をぐるぐると走り回ってました」

学校からの帰宅時間に合わせて家に戻ると、父親に「おまえ、どこに行っていたんだ」と怒られた。智子が連絡もなしに休んだので、学校から問い合わせの電話があって、ちょうど退院して自宅にいた父親の知るところになった。

「多分、父には強く問い詰められた記憶もないので、行きたくないから行かなかった、とそんな説明をしたと思うんです。クラスでいじめを受けていたから学校に行かなかったという本当の理由は、話しませんでしたね」

父親は智子にとって頼れる存在ではなかったという。

「父には小さいころ、バイクに乗せてもらったり、公園で遊んでもらったりした思い出もあるんですが、当時は糖尿病なのに家でお酒を飲んでいたんで、父とは一線を引いていました。自分の思いを話すような日常的なコミュニケーションがなかったので、私が正直にいじめのことを話したからといって、問題の解決のために父が何かしてくれるとは思えませんでした」

一方、父親に代わって当時は調理員の仕事をして家計を支えていた母親には、生活の苦労を間近に見ていただけに「これ以上は心配をかけたくない」と、言いだすことができなかった。

学校を休んでいる場合じゃない

智子はいじめの事実を両親に話せないまま、しばらくは「頭が痛い」「お腹が痛い」と訴えて、学校に行ったり休んだりの生活をしていたが、そのうち気分を変えようと再び自転車に乗って出かけた。途中で立ち寄ったのが、飲食店をしていた同じクラスの女友だちの家だった。女友だちも時々学校にこないことがあったので、もしかして家にいるかと思って訪ねた。

「ちょっと髪を染めてヤンキーっぽいけど正義感の強い子で、仲良くなったきっかけは忘れましたが、一緒に話すようになってました。その日もたまたま家にいて、行くとお昼ご飯を作って御馳走してくれた」

そのときに智子はこの女友だちからこう言われた。

「智子には、将来看護婦になる夢があるんだろう。だったら学校を休んでこんなことをしてちゃだめだよ」

女友だちのストレートな言葉が智子の胸に響いた。

「そうだ、看護婦になるんだったら学校を休んでいる場合じゃない、と思いました。いじめられても、物を投げつけられるわけでもないので、からかわれても、無視されても、私が気にしなきゃいいんだ、こんなことぐらいで学校を休んでいたら、将来の夢に差し支える、とそっちの思いが強くなった」

クラスでも、こっそりと智子に話しかけてくれる女子生徒もいて、「ひとりぼっちじゃない」と智子を勇気づけた。「仲間がいなくても平気」と、いじめに一人で耐えると覚悟を決めて、智子は休むことなく再び学校に通い始めた。タイミングがよく、間もなく二年生に進級してクラス替えになった。新しいクラスでは、何人かまだからかう生徒もみられたが、それ以上に広がらず、智子へのいじめはなくなっていった。

「普通だったらここまでのいじめに合えば、本当に学校に行きたくなくなる。立ち直れたのは看護婦になる夢が一番大きかった。もし夢がなかったら、ずるずると学校に行かない生活に流されていったと思います」

クラスの雰囲気も変わり、智子は放課後、小学校から続けていた部活の合唱の練習に力を入れた。合唱部は地域でも知られた実力校で練習も厳しかった。

「授業が終わって四時半から練習。遅刻すると腹筋を百回やるんです。それからグラウンドを五周する」

三年生になると、合唱部は大会をどんどん勝ち進み、練習は年末の十二月まで続いた。智子は第一志望だった高校の看護科の願書締め切りが十一月だったので、十月には部活を引退して、受験勉強に集中した。

「先生には、おまえの成績じゃ希望する高校は無理だ、と言われました。私も負けず嫌いなので、言われると絶対合格してやる、と意気込んで、過去五年分の問題集を買って、ここだけというところに的を絞って勉強しました。高得点は期待せず六割の合格点を目指した」

この勉強方法が功を奏したのか、智子は「無理だ」と言われた希望校に見事に合格、看護婦への夢に大きく近づいた。

十八歳で妊娠、早く家庭を持ちたかった

一九八六年春、智子は念願だった高校の看護科に入学した。家計が苦しかったので、無利子の奨

学金を受けて進学した。二年生からは待ちわびた病院での実習が始まった。

「金曜と土曜は確実に病院実習。夏休みや春休みは一週間の集中実習がありました。実際に患者さんを受け持たせてもらって、レポートをしこたま書かされる。胃がんの患者さんだったら、胃がんの病態生理と家族構成や背景を学んで、患者さんに対するケアをどうするか計画を立てる。実習は好きだったけど、レポート作りが苦痛でした」

家計を助けるため、放課後は学校に近いスーパーで、レジのアルバイトをした。

「バイトの理由を書いて、担任の先生が校長に印鑑をもらえば大丈夫なので、父の入退院を理由に堂々とやってました。ときどき担任が様子を見にくるんです。テスト期間中は休みにしてくれて、店長さんも話の分かる人でした」

学校の授業と病院実習、それにアルバイトに明け暮れる高校生活は慌ただしかったが、智子にとっては充実した時間だった。当時、看護婦への第一歩となる准看護婦の資格試験は、高校卒業後にあった。

「普通科の人は卒業してルンルンだけど、看護科はそれからが猛勉強なんです。卒業しても、資格試験がすむまでは卒業した気がしませんでした」

准看護婦の試験に合格して喜びを満喫したのもつかの間、智子は四月から地元にあった総合病院で、看護婦生活のスタートを切った。その病院では希望をすれば正看護婦への道も開かれていた。

「まず准看護婦の資格を取って就職して一年後、正看護婦養成の学校に進学できれば、病院が学費を出してくれる。代わりに正看護婦の資格が取れたら、御礼奉公としてその病院で働くというシステムでした」

智子もできれば正看護婦の道を目指したい、と心に秘めていたが、就職して間もなく、正看護婦はしばらくあきらめざるを得ない事態が起きた。就職から五カ月後の一九八九年八月、智子が妊娠していることが分かった。十八歳の夏だった。相手は高校時代にアルバイトをしていたスーパーの社員で、結婚を前提に交際を続けていた。

妊娠が分かると職場では、就職して間もないころだったので「若い人は」と、白い目で見る人もいたが、智子は後悔していなかった。それどころか、早く結婚してお腹の子どもを産み、自分たちの家庭を持ちたかった。

「父が糖尿病で入退院を繰り返して、家庭の中も平穏じゃなかった。普通と言ってはなんなんですけど、家族みんなで楽しく食卓を囲んだり、一緒に出かけたり、そんなイメージの家庭を早く持ちたいあこがれは強かった」

結婚相手は智子より十七歳上だったが、やはり父親の存在と無関係ではなかった。

「子どものころ父に甘えた記憶がないので、願望としては自分より年上の人なら甘えられるかな、という思いはありました。どこかで相手に、やさしい父親像を求めていたのかもしれない」

智子は妊娠がわかり、結婚に向けて両親の承諾を得ようと動き出す。

「母には高校時代から付き合っていることは話していて、妊娠したことも女の勘じゃないですけど、もしかして、と言われたので、そこは話しました」

最後の障害は「できちゃった婚」に父親が首を縦に振るかだった。

本を見ながら料理と育児

「実は大事な話があるんです」

智子は父親が退院して家にいるときに、子どもができたことと、結婚相手の男性に一度会ってほしいことを、勇気を振り絞って切り出した。日を決めて実際に会ったが、父親はその場では結婚に納得しなかった。

「最初に話を聞いたときはショックを受けたと思います。年齢も離れていたし、理由は分からないけど、相手が九州男児というところでも、ちょっと引っかかったみたいで、結婚に反対していた。母の話だと、私が一人っ子だったでしょ、家を継いでほしいという気持ちもあったみたい。でも子どもができて、住む家も決まっていたので、最終的にはおまえが選んだんだからしょうがない、と認めてくれました」

智子の上司の婦長も父親の説得にきてくれ「智子さんなら大丈夫、やっていけますよ」と応援してくれた。新しい家庭を築くために実家を出た智子は、十九歳の誕生日から間もなくして長男の俊夫を出産した。産休に入って五日目だった。

「陣痛がきて六時間ぐらいで生まれたので、みんなにすごい安産だったね、と言われた」

退院すると、父親に初孫を見せに行った。智子は父親がどんな反応を示すのか不安だった。

「私が実家を出て主人のところに行くときに、もう戻ってくるな、みたいな言い方をされたんです。父は、私に子どもができたということにも、子どもを産むということにも、正直賛成してないのかな、という不安がありました。だから、私が産んだ孫なんですけど、もしかしたら受け入れてもらえず、抱っこもしてくれないんじゃないか、ともやもやしたものがありました」

だがそれは杞憂に終わった。俊夫を連れて実家に帰ると、父親はこのときすでに糖尿病の合併症で視力を失っていたが、俊夫を抱き上げると、智子がこれまでに見たことのない笑顔を見せて、孫の誕生を喜んだ。

「顔は見えなくても、俊夫の泣き声を聞けて喜んでいた。結婚して籍は入れたけど、父は反対しているというか、本当は認めていないのではというのがあったので、俊夫を抱いて喜ぶ顔を見て、孫を通して認めてもらえたんだな、と安心しました」

智子は俊夫が未熟児だったので、産休を一カ月延ばしてもらい、出産から四カ月して職場復帰した。仕事、育児、家事の三つが、一挙に智子の肩にのしかかってきた。朝は五時に起きて、俊夫にミルクを飲ませてオムツを交換。洗濯機を回しながら、朝食と俊夫を預ける託児所の持ち物の準備をする。洗濯物を干した後、朝食を食べ後片付けをすますと、八時前には家を出て病院へ。院内にある託児所に俊夫を預けると、八時半から病棟での申し送りがあり、勤務に入る。

「朝はばたばたで戦争のようでした」と智子は言う。夜は夫の武雄（仮名）が子ぼんのうで、俊夫の遊び相手をしてくれたり風呂の面倒をみてくれたりしたので助かったが、二度目の洗濯機を回し、夕食の準備と後片付けを終えて、布団に入るのは十一時すぎだった。実家の母親は、父親の看病と仕事で手いっぱいで、その手をわずらわすわけにもいかず、手助けは頼まなかった。

「結婚当初は料理の本と育児書を見ながらやっていました。俊夫は未熟児で生まれたので、育児書の通りだと二カ月ぐらい発達が遅れたけど、歩行器で歩いているうちに、一人でしっかりと歩けるようになった」

職場復帰から半年後、少しは結婚生活も落ち着きをみせ始めたころ、智子は第二子の妊娠が分かった。

「できたときには、えっという思いもありましたけど、年子のほうが一緒に育っていくから、いっときは大変だけど大丈夫よ、と職場の人たちも言ってくれて、長男を産んだときとは違って温かった」

俊夫が一歳の誕生日を迎えて間もなく、長い間、糖尿病を患っていた智子の父親が、息を引き取った。五十歳の若さだった。

「父が亡くなる前の最後の言葉が、俊夫、頑張れ、だったんです」

当時、智子は重症患者の病棟を担当していたが、あまりの激務に二度流産しそうになった。

「妊婦なのに、なりふりかまわず病棟を走り回って、仕事をしてました。妊娠の定期検診もあまり行けなくて、仕事中にお腹が痛くなって、二度流産しそうになりました。婦人科外来で先生から、違う病棟の担当にしてもらったほうがいいと言われて、少し軽症の病棟に変えてもらいました」

父親の死から三カ月後、父親と代わるように男の子の赤ちゃんが生まれた。次男の淳史（仮名）だった。

両手に二人の子ども抱えて出勤

二十歳で二人の子どもの母親となった智子の生活は、前にも増して慌ただしいものになった。産休を取って、自宅で二人の子どもの子育てをしていたが、淳史が生まれて間もなく、長男の俊夫が風邪をこじらせた。

「子ども二人を連れて病院に行くのはきついんで、主人が仕事を休んで、連れて行ってくれました」

俊夫の風邪が治ったかと思うと、今度は夫の武雄が髄膜炎にかかって入院してしまった。

「頭が痛いと病院に行ったら、即入院になっちゃって。なんとか手術はしないで点滴治療ですんだんですが、結局、一カ月ほど入院しました」

この間に父親の新盆があって手伝いに実家に戻ったが、母親から「手伝いはいらない」と逆に気を遣われてしまった。

「主人が入院するわ、子ども二人の世話に追われるわで、手伝いに行ってもおじゃま虫じゃないけど、母には、いいよ帰って、と言われてしまった」

父親の死、次男の出産、夫の入院、新盆と、智子にとっては激動の半年だった。産休の三カ月はあっという間にすぎてしまい、智子は職場復帰をした。再び仕事と育児、家事と格闘する日々が戻ってきた。次男の淳史も兄の俊夫と同じ病院内にある託児所に預けた。

「二人の子どもがまだ歩かなかったので、両手に抱きかかえて送り迎えをしました。長男はお弁当で、次男はミルクとおむつを用意して持たせる。お弁当は前の日に準備をしたりして大変だったけど、若いから頑張れました。病院ではミルクの時間をもらえるんですけど、病棟に入るとそんなことも言っていられない。淳史にミルクをやるので、一カ月ほどは出勤時間を三十分遅らせてもらった」

託児所は智子が勤務する病棟の裏にあり、職場から子どもたちが遊んでいる姿が見えて、忙しさの中で智子の心をなごませた。家では、武雄も料理ができたので、気が向いたときや休みの日には食事を作ってくれることもあったが、いつもは智子が育児の合間に家事もこなしていた。

「どんなに疲れていても、やることをやってから休みたいという気持ちが強くて、ご飯を食べたらすぐに洗い物をして、次は何をやってと、手順が決まっていると、その通りにやらないと気がすまない」

復帰後の病院勤務は、昼間の日直だけというわけにいかず、月に一回は深夜勤のシフトに入った。夜中の十二時半から朝の八時半までの勤務なので、子どもの面倒は武雄にみてもらえる日を聞いて、それに合わせて入れてもらった。

「夜、寝ている時間帯なんで、子どもが起きたらご免なさい、という感じでした。私が朝帰ってくれば、家のことはできると思ったんですけど、とても、とても」

看護婦が二人に減る深夜勤は、一睡もせずに仕事に追われた。

「零時半から申し送りをした後、病棟を見回って、寝たきりの患者さんのおむつを交換する。休息時間はあっても、ナースコールが鳴りやまず、暴れる患者さんとかもいるんで、休んでいられない」

一度晴れた日に、夜勤明けの疲れた体で帰って、家の掃除をして、布団を干してみようとチャレンジしてみた。

「しばらくして布団を取り込むときに、一緒に布団で爆睡してしまった」

子どもが二人に増えて子育ての負担は大きくなったが、「大変といえば大変だけど、人間なんとかやれるもの」と智子は気にしないでいた。だが職場復帰から一年三カ月後、智子の体に突然、異変が起きた。

子どもを虐待してしまうのでは

年も押し迫った一九九二年十二月の朝、いつものように目が覚めた智子は、いままで経験したことのない感覚に襲われていた。

「目が覚めて起きようと思っても起きられず、布団の中でぐずぐずしている。それでも起きなきゃと起き上がっても、頭がぼうっとしたまま。普通にそれまでしてきた、朝食の支度や子どもたちのお弁当作りができない」

何の前兆もなかったので、智子は自分の中で一体何が起きたのか分からなかった。とりあえずは病院に電話をして仕事を休むことにした。お腹を空かせた子どもたちが「ご飯」と言ってうるさいので、ありあわせの材料で朝食を作って食べさせると、また布団の中に入ってしまった。

「体を休めようと寝ていても、子どもたちがまとわりついてくる。自分の体がままならず、子どもの世話どころじゃないのに、子どもたちには食べさせたり、おむつを替えたり、面倒はみないといけない。無意識の中で子どもがうるさい、となって」

二人の子どもが悪いわけではないのは分かっていても、まとわりつかれるといらだちが募った。智子はこのまま子どもたちと一緒にいては危ないと思い、実家の母親に助けを求めた。

「多分このままじゃ、子どもをたたいたり、うるさいと怒鳴ったりしてしまいそうでした。子どもへの言動も、いままでにないようなことを言っていたので、怖くなって母にきてほしい、と電話で連絡したんです」

職場には「熱を出した」という理由で休みを取っていたが、智子の状態は思うように改善しなかった。

「自分がなにせ自分じゃないというか、いままでと違っていたんで」

武雄が朝、仕事に出かけてしまうと、智子が最も恐れたのは、二人の子どもの世話だった。自分の感情がコントロールできなくなり、無意識に子どもたちをたたいてしまうのでは、という虐待の不安があった。

「それまでは、子どもが泣くと、どうしたのと理由を聞くし、手をあげたりしたことはなかったのに、泣くとしゃくにさわって、うるさいって、しょっちゅう怒ったり、言うことをきかないと無意識にたたいちゃったりとかした。家事とか仕事とかのストレスがたまっていて、一度に爆発じゃないけど、抑えられていたものが抑えきれなくなってそうなっちゃったのか、自分でも何がなんだか分からなかった」

武雄が会社から帰宅すると、子どもたちの遊び相手になったり、風呂に入れたりして面倒をみてくれたので、智子も気分が少しは楽になって、子どもたちにつらく当たることはそうなかった。夕食の支度もなんとかできていた。だが、日中は職場を休んで部屋にひきこもっていると、託児所に行けずに遊べない俊夫と淳史もストレスがたまるのか、じっとしているわけがなかった。勝手に動き回ったり、泣きわめいたり、智子にまとわりついたりした。それがまた智子の感情を刺激していらだたせた。

「毎日ではないけれど、自分自身のコントロールができないというか、私も危険だと思って、母にきてもらったり、私と子ども二人を気晴らしにどこかに連れ出してもらったりしてました」

智子自身も、なぜ職場に出ることができずにひきこもってしまったのか、自分に何が起きたのか分からないまま混乱していた。

「いままでできたことが、突然できなくなってしまった。子どものときみたいに、明日学校に行くと嫌なことがあるから、熱が出たりお腹が痛くなったのとは全然違う。病院に行って何か嫌なことがあるから体調が悪くなったんじゃない」

新しいお母さんのほうが幸せ

職場を休み、ひきこもる生活が長引く智子を目の当たりにした武雄と母親は、智子に精神科を受診するように何度か促した。

「いまなら精神的に何か変だったら精神科に行け、となると思うんですけど、そのころは、自分でも壁を作っていたというか、明らかに自分でもおかしいのは分かっているのに、精神科のイメージがあまりよくなくて、私は精神科じゃない、違うんだ、と思い込んでいました」

智子は精神科の受診を拒み、ずるずると引き延ばしていたが、最後に背中を押したのは、やはり俊夫と淳史の二人の子どもたちの存在だった。

「主人に説得されたのか、母に説得されたのか定かではないんですけど、子どもたちのために体をよく治さないとだめだろう、と言われました。自分のことだけじゃなく、子どもたちのことも含めて考えろと。自分でも子どもに何をするか分からない。自分が怖くなっちゃっていました」

智子はひきこもってから四カ月ほどして、精神科を受診した。躁状態とうつ状態という正反対の症状が、交互に起きる双極性障害と診断された。

「自分でもうつ状態かもしれないというのがあったけど、認めたくないというかいろんな思いが入り混じっていて、心と体がばらばらになっちゃっている感じでした。お医者さんから、双極性障害ですよと言われたときは、やっぱりそうなんだと素直に受け入れられました」

智子は双極性障害の診断が出ると、薬でコントロールしながら仕事を続ける道ではなく、思い切って病院を退職しようと決意した。

「例えば、お腹が痛くて内科を受診して病名が分かり、二週間休んで良くなったら職場復帰という話なら、それはありでしょ。でもこの病気は先が見えないし、いままでみたいにきちんとできた仕事ができないかもしれない。看護の仕事は人の命を預かるので、自分の体もままならないのに、人さまの体の心配をしている場合じゃない。仕事を失うことよりも、患者さんや職場に迷惑をかけちゃいけないという気持ちほうが強かった、と思います」

智子にとって、看護婦は小学生の時代からあこがれて、その夢を実現させた仕事だった。仕事に育児に家事に全力投球していたのに、思いもよらぬ心身の不調で、スタートを切って四年になる看護婦の職を、自ら辞するのは身を切るようにつらかった。智子は四月に病院を正式に退職した。そしてさらに思い切った行動に出た。武雄に離婚を申し入れたのは、退職から間もなくしてだった。

「元の生活に戻るのは難しいと、私が思いこんじゃったんです」

智子が武雄に離婚の話を持ち出すと、武雄は「実家でゆっくり休んで、別居という形で元気になれば、戻ってくればいいんじゃないか」と、離婚よりもまずは智子の心や体の回復が先だと賛成しなかった。それでも智子の気持は変わらなかった。

「私のほうは先が見えないし、私のことよりも、子どもや主人のことを考えて、このまま私と一緒にいちゃだめなんじゃないか、と思った。いまなら、子どもたちにとっても、主人にとっても、私と別れて新しいお母さんにきてもらったほうがいいかな、とスパッと思っちゃった」

二人の子どもの母親として、ひきこもってからの自分自身の振る舞いを考えると、智子は育児にすっかり自信をなくしていた。

「自分でも何をしでかすか分からない。子どもたちに対して暴力、手を平手でたたくぐらいだったんですけど、自分自身が怖くなってきちゃった。子どもたちにとっては、怖いお母さんだった。それなら私が育てるよりも、まだ子どもたちが小さいうちに新しいお母さんが来るなら、そっちで育ててもらったほうが幸せになるんじゃないか、と思ってしまっていた」

武雄はあくまで別居で様子をみることを勧めたが、智子のほうが離婚にこだわって、最後まで折れなかった。病院を退職した翌五月、智子は離婚が成立して家を出た。俊夫が三歳、淳史が間もなく二歳になるときだった。「元の生活に戻ることはない」と、子どもたちの親権は武雄に渡した。二人の子どもには何も告げずに去った。

「これがもし、もうちょっと上の年齢だったら、言わなくちゃいけない、という気持ちもあったと思うんですけど、そのころは自分のことすらままならない。謝るというのか、いろいろな感情があったとは思うんですけど、言い方は悪いけど、子どもたちから逃げるように、何も言わないで黙って出て行きました」

実家に戻った智子に代わって、二人の子どもの面倒は、武雄の母親が仕事をやめて同居してみることになった。

食べてはごろ寝の生活で体重百キロ

智子は実家に戻ると、母親との二人暮らしになった。夫と二人の子どもとも別れて、本格的なひきこもり生活が始まった。母親は智子が離婚して戻ってきた事情については、何も聞かなかった。

「どうして帰ってきたのかとか、これからどうするのとか、まったく聞かなかった。聞かないで普通に接してくれた。私がただいるだけでいい、という感じでした」

智子は自分の部屋にとじこもり、家族とのコミュニケーションを断つようなことはせずに、母親とは最小限度の会話はあった。母親は調理員の仕事をして生計を立てていた。智子が戻ってきたからといって、自分の生活のペースは変えなかった。

「朝は出勤時間が決まっていたので、私が起きても起きなくても、食事はここにあるからね、と声をかけて出かけていく。夜も午後六時半に帰ると、私が食べても食べなくても食事が用意してあって、ここにあるよと。それ以上は何も聞かず、一日何をしていたのとも私に聞かない。すごく楽でした」

母親の存在が、ひきこもっても重圧になることはなかった。

「いま聞くと、黙っていたのはつらかったのよと言いますけど、母はそれを感じさせなかった。すごいなと」

だが、母親から何も聞かれないことは、気持ちのうえでは楽だったが、逆に何も聞かれないことが不安になって、母親にいらだちをぶつけたこともあった。

「理由は分からないですけど、母に暴言とか吐いた記憶もあります。感情が安定せず、いらいらしたり、落ち込んだりしたときで、さすがに私がいろいろ言ったときには怒ったりしてました」

母親が仕事でいない昼間は、智子は家にあるものを適当に食べて、ごろごろする生活だった。

「看護婦をしていたときは、規則正しい生活をしていたのに、仕事もやめて、子どもたちとも別れて、実家では食っちゃ寝、食っちゃ寝の生活。何もやる気が起きない。一日を何となくすごせればいいや、という感じでした。テレビをぼうっと見て、本を読んだり、気が向けば車を運転して買い物に出かけたりしてました」

食べてはごろごろする生活で、体重は増えていき、最も重いときで百キロ近くにもなった。何気なくテレビを見ていても、映し出される光景に、智子はなぜ自分がひきこもってしまったのか、自己嫌悪に陥り、ストレスがたまった。

「テレビのドラマにしろ、ニュースにしろ、見ているとみんな普通に生活しているのに、なぜ私はこうなんだろう、としょっちゅう比べていた。自分が生きている価値がない、とまで追い込んだときもあって、そのときはどうやったら死ねるかとか、そういうことばかり考えてました」

そんな智子の気持ちを察してか、母親は気晴らしに智子を誰とも顔を合わせなくてもすむ、カラオケ店に時折連れ出した。

「私が死のうと思っていたことを口に出さなくても、母は恐らく危ないというのを感じていた。カラオケは、本当に家から外に出なかった私を心配した母が、外に連れ出す口実にしたんだと思います」

籍は抜いても子どもたちの母親

「いま、何やってるんだ」

智子に武雄から突然、近況を尋ねる電話があったのは、離婚してそんなに時間がたっていないころだった。智子は武雄から「籍は抜いても、おまえは子どもたちにとっては、母親だからな」と言われた。

「嫌いで別れたわけじゃないので、そうだよなって思って」

智子は、武雄が家の近くまで車で迎えにきてくれるというので、食事に出かけた。智子は置いてきた二人の子どもがどうしているのか、毎日のように気になってしかたがなかった。

「考える時間はいくらでもあるので、子どもたちのことは、頭がなんだか分からなくなるまで考えましたね。でも、まとまらないというか、実際、自分は何もできないわけですから、一人相撲を取っているようなものでした」

武雄は別れた子どもたちの近況を話してくれた。子どもたちは武雄の七十代の母親が面倒をみていた。

「聞くと、私がいなくなったことはそんなに口にせず、主人の母親になじんでいたみたいでした」

智子はちょっぴりさみしかったが、子どもたちが元気で安心した。それからは武雄から電話があると二人で会って、子どもたちの近況を教えてもらうようになった。武雄に家の近くまで来てもらって、車の中だったりファミリーレストランで一緒に食事をしながらだったり、場所は決まっていなかった。

「おかげで些細なことも、子どもたちのいまの状況は聞けていたので、子どもたちには会えなかったけれど、こうなんだろうな、というのは思い浮かべることができました。何の情報もなかったら、悶々と時間をすごすしかなかったでしょうね」

一日の時間が長く、智子が退屈していることを知ると、武雄は智子が好きな趣味の草花の本を買ってきてくれた。

「主人に時間をつぶすにはパッチワークがいいぞ、と言われ、母みたいに器用じゃないですけど、パッチワークだけは、はまったんですよね」

武雄が自身の子育ての体験を交えて子どもたちの近況を話すと、離れているのに子どもたちの性格を見抜く智子に驚くことがあった。

「私も託児所に預けていて、ずっと子どもを見ていたわけじゃないけど、長男の俊夫と次男の淳史の性格とかは分かっていました。主人からこういうふうに自分ではしてみたんだけど、子どもたちは気に入らないみたいな話をされると、俊夫はこうだからね、淳史はああだからね、とその性格を言ってみる。何でそんなことが分かるんだ、という感じで驚かれることがありました」

智子は武雄と出会いを重ねているうち、皮肉にも離婚してからのほうが、二人のコミュニケーションが取れていることに気づいた。

「一つ屋根の下にいるよりは、離れたほうが見えなかった部分がお互い見えてきたというか、こんなふうに考えていたんだ、と分かってきた。結婚していたときは、一緒にいるのに、家事や育児に追われて、お互いのことや子どもたちのことを話すゆとりもありませんでした」

二人の会話の中で、武雄が何度か口にしたのは「もう少し甘えてくれたらよかったのに」という言葉だった。

「損な性格だけど、私は人に頼むんだったら、自分でやっちゃったほうがいい。主人も仕事から帰って疲れているから、頼むのは申し訳ないというのがあった」

智子は武雄とは共働きなのに、武雄の仕事の疲れを気遣って、結局は育児も家事も自分で抱え込んでいた。「自分はそういうつもりはなかった」と言うが、智子は無意識のうちに、自分が抱え込むことで「いい妻」「いい母親」を演じようとしていたのではないのか。一方、武雄も結婚生活で仕事、家事、育児に奮闘する智子に「甘えてくれたらいい」と声をかけていたら、智子も一人で抱えずにすんだかもしれない。

「別れてから主人に、もっと甘えてもらえれば、と言われたときは、ああそうか、というのもありました」

智子は自分の生い立ちを掘り下げて、ひきこもった経験を知人に話したときに、こんなことを言われた。

「お父さんが入退院を繰り返したことがあって、多分智子ちゃんはいい子でいたんじゃないの」

智子は「言われてみると、そうなのかな、と思うところはあった」と話す。

武雄は俊夫と淳史の成長を追うように、二人の七五三のお祝いや、誕生日、俊夫の小学校の入学式といった節目に撮った写真を見せてくれた。

「七五三とか入学式の写真を見せてもらったとき、その写真の中に自分がいない。普通だったら、自分がこんなにならなければ、一緒に写っていたのに、と思うと、すごく悔しかったのを覚えています」

智子は武雄と会うたびに、俊夫と淳史の二人の子どもが着実に成長している姿を聞かされたり、写真を見せられたりしているうちに、子どもたちと会ってみたいという思いが、次第に芽生えてきた。

「主人が近況を知らせてくれたので、子どもたちがそれぞれの年齢で、どうなっているのかは想像できました。でも想像じゃなく、実際に子どもたちの成長に立ち会いたい気持ちが、自分の中で抑えきれなくなって」

だが、実家に戻ってからの智子のひきこもり生活は、子どもたちの成長とは対照的に、ほとんど変わっていなかった。

「食っちゃ寝、食っちゃ寝をやってどんどん太っちゃった。ひきこもると、外に出る理由がないじゃないですか。目的もないし、自分でやりたいというのもない。身なりとかも、お風呂に入らなくても差し支えがない」

子どもたちに会うには、まずひきこもりの状況を脱することが先決だった。智子は実家にひきこもってから四年半後、あることを思い立って、とにかく金を稼ごうと、アルバイトを始めた。別れた子どもたちは、俊夫が小学二年生、淳史が幼稚園の年長組になっていた。

ダイエットの資金稼ぎにアルバイト

智子は食卓の上にあった新聞折り込みの地域求人紙に何気なく目を通していた。一九九七年十二月中旬のころだ。「元気」の文字を店名に冠したうどん屋のアルバイト募集が、たまたま目に留まった。智子はこの店の求人に応募することを即座に決めた。

「元気という言葉に魅かれました。自分がいま元気じゃないから、元気になれるような気がして。厨房なら人目にさらされることもないし、こんなデブでも大丈夫かなと思って」

智子が就労を決意したのは、子どもたちに会うために、ダイエットの資金を稼ぐのが目的だった。

「子どもたちに会えるか会えないか分からないけど、あまりにデブなお母さんじゃ、まずいんじゃないかと思って」

智子の体重は百キロ近くにもなっていた。

「ダイエットをするにはお金が必要で、働かないとお金は得られない。いま思えば、うちにあった健康器具や食事療法、運動でもやせられたと思うんですけど、当時は漠然とダイエット、イコールお金だ、というのが頭に浮かんだんです」

ただ四年半も家にひきこもり、家族以外の接触を絶っていた生活から、いきなり就労という環境変化に問題がないのか、智子は精神科のかかりつけ医に相談してみた。

「働いてもいいか診察してもらうと、大丈夫だと言われました」

智子は履歴書を買いに走った。必要事項を記入して最終職歴を書くと、ひきこもっていた四年半は空白になる。

「空白のままだと、面接のときに絶対に聞かれるだろうな、と思ったけど、とりあえず出してみようと」

店長の面接では、智子が予想していた通り、履歴書の空白期間の理由を質問された。

「正直に病気で四年半ひきこもっていた、と言うと、そうなんですか、という感じでした」

面接が終わって、すぐに店から連絡がなかったので「落ちた」とがっかりしたが、一週間後に採用の電話があった。明日から店に来てほしいということだった。智子は長いひきこもり生活で体力に自信がなかったので、母親の家事手伝いをしたり、庭の草取りをして、体力作りをした。仕事は厨房で米を炊いたり野菜を切ったりすることで、経験から問題はなかったが、初めての職場で、いきなり知らない人たちの中に交じって、果たしてうまくやっていけるのか不安だった。

「自分でもびっくりするくらい普通というか、それまでひきこもっていたのが、いきなり家族以外の人と何年かぶりに話をするのに、すっと入っていけた。知らない人たちだったのが、逆に話せたのかもしれない」

ダイエットでやせて、子どもたちに会いたいという目標ができたので、不安に勝ったという。普段は智子のことには干渉しない母親が、ひきこもりから抜け出そうとしていた智子に、珍しくこんなことを言った。

「別に世間様に食べさせてもらっているわけじゃないし、迷惑をかけているわけじゃない。胸を張って生きていればいいんだよ」

週六日、午前九時から午後三時まで、厨房で働く生活が始まった。規則正しい生活が戻り、働くリズムができたことで、智子に思いもよらぬ変化がでてきた。特別なダイエットをしたわけではないのに、体重が減り始めたのだ。

「仕事はきっちりやっているし、みるみるうちにやせてきたので、お金を稼いでダイエットができて一石二鳥だな、って言われました」

体重は三カ月で十五キロやせた。体重も落ちて、だんだん目標に近づいているという充実感が満ちてくると、アルバイトの時間をさらに増やして、金を稼ぎたいという意欲がでてきた。「仕事に慣れてきたので、もう少し稼ぎたい」と言うと「別のお店に行かないか」と提案された。同じ運営会社の和食の店だった。

「今度は朝から晩までのフルタイムで、しかも、ホールで接客をするフロアー係。制服のワンピースが着られるか心配したけど、やせたから入ると言われると、本当に入りました」

客から注文を取って、注文に合わせて御膳を組み、デザートを作って運ぶ。体を動かす時間は増え、体重も順調に減っていった。

「やっぱりお母さんだったのか」

智子がアルバイトを始めて半年がすぎたころ、五年近く離れていた子どもたちと会えるチャンスが、ようやくめぐってきた。

「主人と会うのは続いていて、働きだしてから体もやせてきたし、私も変わってきたので、いまだったら子どもたちに会わせてもいいかな、となって」

夏、母親だということは言わずに、子どもたちと一緒に海水浴に出かけた。出かける前、武雄は智子のことを「お父さんの知り合い」と、子どもたちに言葉を濁していた。

「長男の俊夫は私と最初会うときに、誰と会うのといぶかっていたみたい」

五年ぶりに俊夫と淳史に会うと、智子は胸に熱いものがこみ上げてきて、それを抑えるのでせいいっぱいだった。

「泣いたら変に思われると思って、面と向かって子どもたちと顔を合わせることができませんでした」

それでも、せっかく会ったのだから、会って楽しかったと思ってほしくて、智子のほうから子どもたちに話しかけた。

「最初はお互い言葉がなかった。そのうち、学校の話とか先生の話とか、たあいのない話をして、私がぽろっと、俊夫や淳史の好きなものとかを口を滑らせてしまう。どうして知っているの、と子どもたちに不思議に思われて、なんとかその場をごまかしごまかし、切り抜けました」

その後も泊まりがけの旅行に出かけるなど、智子は子どもたちと交流を続けていたが、ついに母親であることを明かすことに決めた。場所はスーパーの駐車場に止めた武雄の車の中だった。

「主人もいろいろ悩んだと思うんですけど、いきなり家にくるよりは、外のほうがいいと思ったらしくて」

智子は車のドアを開け、助手席に座ると、後部座席にいた俊夫と淳史に「お母さんだよ」と声をかけた。

「子どもたちが言ったのは、やっぱりそうだったのかと。それまでの会話の中で、言葉の端々に、二人のことを知っているようなニュアンスがあったので、子どもは勘がいいから、ちょっとしたところで、母親だと感づいていたんだと思う」

智子は子どもたちに母親であることを明かしたが、元のさやに収まって一緒に生活するつもりはなかった。

「子どもたちに会いたい気持ちはありましたけど、また元に戻りたいというのはなかった。同じことになるのは嫌だな、と自分に自信がなかったんです」

智子の思いをよそに事態は思わぬ方向に動く。武雄が電話で「同居をしてほしい」と突然、言ってきた。智子に代わって、子どもたちの世話をしていた武雄の母親が、家を出てしまった。

「子どもたちの教育をめぐって、主人とお母さんの考えが違うというか、それでもめたらしくて、お母さんが主人のお姉さんのところに出ていってしまった。子どもたちの面倒をみてくれる人がいなくなったので、私に戻ってくればいいじゃないかと」

智子と子どもたちが交流していることは、武雄が母親に話していたと思うので「タイミング的にいまなら戻っていいんじゃないか」と智子は思った。

「お母さんも自分の体がきつかったのに、孫可愛さで面倒をみてくれたと思う。私が戻ってきたことで、お母さんが私を悪く言ったりとかいうのはまったくなくて、私は出ていくから智子ちゃんが来てくれるなら助かるわ、みたいな感じでした」

五年間の空白を経て、家族が再び一つになった。武雄とは離婚した後もつながりを持ち続けていたので、不安はなかったが、子どもたちとは果たしてうまくやっていけるのか、智子は心配した。

「俊夫と淳史が、すぐにお母さんと呼んでくれたかは、はっきりしませんけど、俊夫は一緒に生活を始めてわりと早い時期、小学校の持ち物を準備していたときに、このお母さんでよかった、と言ってくれたのを鮮明に覚えています」

一方、弟の淳史のほうは、智子に対して「お母さんに捨てられた」というわだかまりを持っていた。

「私もそのことは聞いていて、ふてくされたような感じでしたが、話をして慣れてくると、淳史のほうがおしゃべりなので、堰を切ったように話をしてくれて、わだかまりも消えたようでした」

　智子の仕事が休みの日には、二人は学校から帰るとランドセルを玄関に放り投げて、どんなことがあったのか話そうと、すごい勢いで智子のところにくるようになった。その後、二人は思春期に入っても、反抗期らしい反抗期もなく、特に手をわずらわせるような問題を起こすこともなく、育っていった。智子の四年半にわたるひきこもり生活を乗り越えて、再び親子が一緒になった家庭生活。平穏そうに見えた家庭に波乱が起きたのは、俊夫が中学生のときだった。

アメ玉がきっかけで長男が不登校

　俊夫が突然、学校に行かなくなったのは、中学二年生の二学期だった。一年生のときから無遅刻、無欠席だった俊夫が、朝、智子が起こしに行っても、布団をかぶって起きてこなかった。

「最初は頭が痛いとか、お腹が痛いとか言うんで、しかたがないからゆっくり休んで、という感じでした」

　そのうち担任から連絡があり、智子が学校に出かけると、学年主任と音楽の教師も待っていた。

「俊夫が音楽の授業の前にアメをなめていて、授業が始まると、音楽の先生から、生徒みんなの前でアメを出させられた、と言うの」

そのことがあった次の日から、俊夫は学校を休んでいると言うのだ。智子は本当にアメ玉の件が学校に行かなくなった理由なのか俊夫に聞いてみたが、頑として何も言わなかった。智子は朝、学校に出欠を連絡しないといけないので、俊夫に登校するように声かけはしてみたが、俊夫は「行く」とは言わなかった。しばらくは登校を促すことを続けていたが、智子はそれ以上の俊夫への働きかけをやめてしまった。

「自分のひきこもりの経験があったのに、親目線になっちゃっていた。本人が行きたくないのを、無理やり行かせるのもまずいかなと思って」

不登校になって一カ月になるころ、担任が訪ねてきて、俊夫に学校にくるように話したことも刺激になったのか、俊夫は登校を再開した。だが、アメ玉の件があった音楽の授業だけは出席しなかった。

「一時間目が音楽だったんですけど、受けずに二時間目から行ってました」

俊夫は学校に戻ると、音楽の授業に出ないことをのぞけば、特に変わった様子はなく、欠席することもなく、三年生に進級した。

「四月にあった修学旅行もちゃんと行って、仲のいい友だちと一緒に写真も撮ってきた。いい顔で写っていたんですよ。不登校だったのがうそのように元に戻ってました」

夏休みには、進学を希望していた高校の説明会に、智子と一緒に出かけた。

「これはこのまま受験もできるかな、とちょっと安心していたんですけど」

ところが、最初の不登校からちょうど一年になる三年生の九月、俊夫は再び学校に行かなくなった。九月には学校の文化祭があった。智子は「文化祭が不登校のきっかけになったのでは」と考えた。

「文化祭は音楽祭がメインで、クラス対抗の合唱とかもあって、放課後とかはどのクラスも練習するから、音楽の先生と顔を合わせるのが嫌だからかな、と思いました」

智子の見方が的を射ているのかは、俊夫が何も話そうとしないので分からなかった。

「私もいじめで学校に行き渋ったときに、親には何も言わなかったので、俊夫を問い詰めてもしょうがないかなって」

俊夫は自分の部屋にひきこもって何も食べないので、食事は智子が運んだ。十日ほどすると、武雄は智子に、食事を俊夫の部屋まで運ぶのをやめるように言った。

「おまえがそういうことをするから、部屋から出てこないんだ」

智子は「食べなかったら、死んじゃうじゃない」と武雄の対応には納得できなかった。だが、武雄が俊夫のところに行って「飯ぐらい下でみんなと食え」と言うと、俊夫は次の日から夕食は家族と一緒に食べるようになった。

十月に入って登校してくれたら、まだ高校受験は何とかなるのでは、と智子は希望を捨てないでいた。俊夫のほうは登校する気配はまったくなかった。智子は学校に派遣されているスクール・カウンセラーに、俊夫の不登校を相談してみた。智子が事情を話すと、こうアドバイスをされた。

「人生八十年と考えると、不登校はほんのいっときの出来事だから、お母さん、長い目でみたほうがいいんじゃないの」

スクール・カウンセラーの話に、智子はとにかく四年半は待ってみようと決めた。

「自分が四年半ひきこもっていたので、自分の息子だから四年半はしかたがない、そこは腹をくった」

ただ高校受験については、全日制のほかにも定時制や通信制などいろいろなスタイルの高校があることを俊夫に伝えて、あとは本人の判断に委ねた。

「進学する気持ちはなかったみたいで、全然だめでした」

俊夫が高校に進学しなかったことで、心が穏やかでなかったのは父親の武雄だ。俊夫と顔を合わせるたびに「これからどうするんだ」と聞いた。

「当時主人は、せめて高校までは行かなければ、というのがあった。自分が育った時代に、不登校とかひきこもりはなかったので、いまの子どもたちが置かれている状況が、分からない。古い考えというと主人に悪いんですけど、男はこうあるべきだ、という思い込みがすごいありましたね」

武雄に「どうするんだ」と問われても、俊夫に答えられるはずもなかった。

「それは言っちゃいけないと思いながらも、私がそのことを主人に言っちゃうと、子どもの前でけんかになってしまうから、極力言わないようにしていました」

俊夫は武雄の言葉に決まって嫌な顔をして、言葉を返さず二階の自分の部屋に入ってしまった。

「私もひきこもっていたときは、自分のことなのに、自分がどうしたいのか、全然見えていなかったですね」

智子のほうも、他の不登校やひきこもりの子どもを持つ親よりは、少しは自分の経験が生かせるだろうと思っていたが、現実は思う通りにはいかずに悩んでいた。

「やっぱり俊夫は俊夫で、私じゃない、違うんだろうなって」

親も人生を楽しんで

智子が「待ってみる」と腹をくくった四年半がすぎてしばらく。二〇一一年三月十一日、一万五千人以上が犠牲となった東日本大震災が起きた。智子の住む地域も、地震で大きく揺れた。智子は、自宅でひきこもりの生活をしていた俊夫のことが心配で、急いで帰宅しようと、働いていた和食店から車を飛ばした。子どもたちの安否を早く知りたいと焦ったが、信号も消えて、車はなかなか前に進まなかった。いつもなら三十分もあれば着くのに、倍の一時間以上かかった。

「状況がまったく分からなかったので、運転していても気が気じゃなかった。やっと家にたどりつくと、俊夫と淳史が二人で家の片付けをしてました。もしこれがひきこもりじゃなくて、どこかに就職していたら、震災に巻き込まれていたかもしれない。そう思うと、二人の姿が見えたときに、学校に行くとか行かないじゃなく、生きていてくれてありがとう、良かった、生きていることが大事なんだ、と覚悟が決まりました」

俊夫の顔を見ると「これからどうするんだ」と、心を逆なでしていた武雄も、このころになると、その言葉を口にすることはなくなった。

「ひきこもりについて、車のラジオで人生相談を聞いたり、本を読んだり、人の話を聞いたりしていたようで、俊夫に問いただすようなことは一切言わなくなりました」

いまでは武雄のほうが気を遣い、テレビのお笑い番組や日常の出来事を話題にして、できるだけ俊夫に話しかけるようにしている。

ひきこもっていた俊夫に、変化の兆しが見えてきたのは、この三年ほどのことだ。まずそれは食卓に現れた。それまでは、夕食は一緒にするが顔を合わせるだけで、食べると黙って二階の部屋に戻る生活だった。

「それが、最初は食事が終わると、自分の食器だけは洗うようになったんです。さらにいまではみんなの食器も洗ってくれるようになりました。夕食も私が遅くなると言うと、料理が好きなので作ってくれて、帰ってくると洗い物もシンクもきれいに洗ってあって、すごく気持ちがいい。気が向いたときはクッキーとかも作ってくれるんです」

階段を上がる動作も、ひきこもりの初めのころは、自分の気配を消すように、そろり、そろりとのぼっていた。それがいまは、家族を気にするわけでもなく、タッタッタと元気な足音を立てて上っていく。智子はその足音から、俊夫にとって、家が安心できる場所になっている、と感じている。

天気の良い日は布団を干したり、智子が休みの日は家の掃除も手伝ってくれたり、家の中での行動半径は広がってきた。それは外にも広がりつつある。俊夫が自分から欲しいと言って自転車を買い、片道四十分もかかる智子の実家まで一人で行ってきたのも、その一つの現れだと智子には思えた。

そんな緩やかな俊夫の変化の中で、一人暮らしをしていた智子の母親が、精神的に不安定になり体調を崩したのは、二〇一九年の夏だった。

「母を一人にしておくのは心配でしたし、実家は雨漏りがするなど傷んでいたこともあって、新しくアパートを借りて、私が母と一緒に生活することにしたんです」

引っ越しで、智子の助けとなって、力を貸してくれたのが俊夫だった。智子が頼むと、嫌な顔もせずに手伝いをした。引っ越しの荷造りに、荷物の持ち運び、荷台での上げ下ろしにアパートの部屋での整理と、俊夫は黙々と働いた。

「テレビなどの電化製品も全部取り付けてくれました」

俊夫の働きは、それだけで終わらなかった。智子が母親とアパートで暮らし始めると、家では智子に代わって俊夫が家事をしている。

「料理から洗濯から、家事は全部やってくれています。ひきこもっていても、家のことはやってくれるし、私や母の助けになっている。何かあると相談にも乗ってくれ、本当に頼もしい息子です」

こうした俊夫の変化を、智子は喜んでいる。だが、智子がひきこもりから抜け出たのは、ダイエットでやせて、別れた子どもたちに一目会いたいという明確な目標があったからだ。俊夫にいま起きている変化が、智子の体験と同じように、何かの目標に裏打ちされたものなのか、それは智子にもまだ分からない。

「私のときもそうだったけれど、本人が目標を持ったり、こうしたいと思わないと、親が何を言っても子どもは動き出さない。結局、親のできることは、私自身が母にしてもらったように、問いただしたり責めたりしないで、動き出すまでは、まずは見守るということ。でもこれが簡単なようで一番難しい」

いま智子が心がけていることは、親が人生を楽しむことだ。

「子どもの先のことは分からない。分からないことを心配ばかりしていても、疲れちゃう。ひきこもっている子どものことを忘れろ、というわけじゃないですけど、子どもは親しか見えていない。親が人生を楽しんでいれば、外の世界はこんなに楽しいんだ、ちょっと外に出てみようかな、というきっかけになるかもしれない」

第三章　居場所との出会いで新たな人生

評価されるのがうれしかった

　ＪＲの駅を降りて、傾斜のきつい坂道を登って行くと、古びた公共施設が見えてくる。この施設を使い毎月一回、ひきこもりの当事者だけが参加できる、居場所が開かれる。居場所には、フリートークや卓球、ゲームのコーナーがある部屋、女性だけですごせる部屋が、用意される。どの部屋で、誰と、どうすごすのかは、参加者のまったく自由だ。誰にも否定されない、穏やかな時間が流れる中、世代もひきこもりの背景も多様な人たちが、交流を楽しむ。居場所は当事者にとっての小さなオアシスだ。

　この居場所を運営する当事者会の代表が和也（仮名）だ。三十二歳になるが、小さいころから「居場所」とは縁が深かった。小学校時代は四年生から卒業するまでの三年間、クラスの男子から靴やカバンを隠されたり、仲間外れにされたりするなどのいじめを受けた。学校に行くのが嫌で一週間休んだこともあったが、居場所になったのが、英会話教室や学習塾だった。

「不登校にならなかったのは、居場所があったからじゃないですかね。自分はほめてもらうとうれしいタイプなんですけど、学校で嫌なことがあっても、英会話や塾に行くと、よいしょをしてもらえる。ずい分よくしてもらった」

学校でいじめを受けても、居場所の英会話教室や学習塾に行けばほめてもらえるので、自己否定の落とし穴に落ち込むことはなかった。中学高校は私立の一貫校で進学校だった。部活の吹奏楽部で六年間、トランペットを吹いた。楽器は初心者だったが、部活が居場所になって、練習に明け暮れた。まさに部活に青春をささげた。大学受験を控えて、部活は高校二年生で引退になるが、一人残って三年生の秋の演奏会まで続けた。

大学では部活のオーケストラの虜になった。部室が居場所で一年三百六十五日、入り浸った。化学の教師になるのが夢だったが、大学の授業に幻滅した。夢はしぼみ、授業から足は遠のいた。単位を落としてまでも、オーケストラの練習にのめり込んだ。

「単位をばさばさ落としても気にしなかった。部活は練習を頑張れば認めてくれる。たくさん練習すると、先輩からすごく評価されるのがうれしかった」

単位不足で二年留年した。その間に二度のひきこもりを経験し、「自分は生きる価値がある人間なのか」と自己否定の感情に苦しんだ。

心機一転、社会福祉の道に進もうと、編入試験で大学も移り、寮生活を始めたが、生活環境の変化に疲れ、薬の副作用や、生きる価値を見いだせない葛藤の三重苦に翻弄された。そんなときに出会ったのが、インターネットで見つけた、ひきこもり当事者の居場所だった。どうすごすかは自由で本人任せ、自分をまるごと受け入れてくれる居心地のよさが気に入った。この出会がいから三年後の二〇一五年夏、和也は自分自身が当事者のための居場所を開設することになるとは、夢にも思わなかった。

私立中学進学でいじめ抜け出る

私鉄沿線に広がる巨大なベッドタウン群。都心に通勤するサラリーマン家庭が圧倒的な住宅街の中に、和也の暮らす家もあった。教育熱心な家庭が多いことで知られ、小学校を卒業すると、私立の中高一貫校に進学する子どもたちも珍しくなかった。私立の一貫校は公立に比べて大学受験に有利という、「私立信仰」が根強くあった。

和也も私立中学を受験したが、大学受験への損得勘定よりも、私立受験を目指す切実な事情を抱えていた。それは三年近く続いていた小学校でのいじめだった。いじめは四年生に進級して間もなく始まった。同じクラスのある男の子から、いじめを受けるようになった。体育の授業や休み時間にドッジボールをやると、集中的にボールを投げつけてきた。

「バスケットが得意な子で球が速い。あからさまに自分を狙ってきたので、いじめだと思った」

暴力は振るわなかったが、和也を仲間外れにしようとしたり、からかったり、いじめは続いた。

「いじめられて家に泣きながら帰ったとき、マンションの管理人さんが、どうしたんだ、とびっくりして、それで親にいじめの話が伝わったこともあった」

男の子とは、特にトラブルがあったわけではなかった。

「ずい分いじめられたけど、三年生のときは、その子の家に行って一緒に遊ぶ仲だったのに」

それがなぜ自分がいじめのターゲットにされたのか、当時は理由がまったく分からなかった。五年生に進級すると、クラス替えがあったが、その男の子とは運悪くまた同じクラスになった。しかも、いじめはその子だけでなくグループ化して、和也の靴やカバンを隠すなど、エスカレートして行った。

「隠されると学校中を探し回るんです。駐車場の車にないかと見まわしていたら、用務員さんから不審に思われて、何してるんだ、と怒られたこともあった」

見つからないときは職員室に行き、事情を話して教師に探すのを手伝ってもらった。担任も、和也が靴やカバンが隠されたことは知っていただろうが、特に話を聞かれたことはなかった。六年生になって担任は変わったが、グループによるいじめはなくならず、何度か担任に相談したことがあった。

「こんなふうにグループにいじめられた、と言っても、担任はいじめられたほうだって悪いんだという考え方だったので、何も対応してくれなかった。本当にひどかった」

繰り返されるいじめが嫌になって、六月ごろ、ついに学校に行かなくなった。

「何か強烈なエピソードがあったというよりは、学校は何もしてくれない中で、日常的にいじめが繰り返されるのがもう嫌で、親には、学校に行きたくないと言いましたね」

「いじめで学校に行きたくない」という和也の言葉に、即座に動いたのは母親だった。

「母は小さいころから、愛情を注いでくれたので、母との距離感はすごく近かったし、心地よかった。自分も母に合わせていたので、母にとってはすごいいい子だったと思う。だから、他の子からいじめられていたと分かると、息子になんてことをしてくれるんだ、と反応する感じでした」

母親は直接、いじめグループのリーダー格の子どもの家に電話をして、なぜ息子をいじめたのか事情を聞いた。そこで分かったいじめのきっかけは、思いもよらぬことだった。三年生が終わる春休みに、一家はハワイに家族旅行に出かけた。

「そのハワイ旅行を四年生の新学期に、僕がクラスで自慢げに話したのが気に食わなくて、ちょっといじめてやろうと思い立ったというんです」

一週間ほど学校を休んだ後、登校を再開すると、リーダー格の子が、親から言われたのだろう、謝りにきた。

「ごめんなさい、となって、それ以後はあからさまないじめはなくなったけど、からかわれるのは続いてましたね。でもこの時期は、いじめをすごく我慢していたというよりも、こっちの頭は完全に中学受験のモードになってましたから」

四年生から続くいじめの構図から抜け出すには、私立中学に進学するしか道はないと思っていた。地元の公立中学に進学すれば、いじめっ子たちと同じ学校に入学する。それでは中学生になっても「いじめがなくならないのでは」という不安が強かった。

「このまま公立中学に行ったら、いじめっ子と同じ中学になる。そこはもともと荒れていた学校で、そういうところには行きたくない。だから、私立を受験させてください、と親に頼んだのは覚えてますね」

和也は小学校の低学年から英会話教室に通っていた。四年生からは受験対策もあって学習塾にも通い始めた。いじめが始まって学校が面白くなくなっても、英会話教室や学習塾は心が安らぐ居場所だったという。

「英会話教室は先生がやさしい人で、少人数のクラスで可愛がってもらえた。塾も算数や理科が得意だったので、ほめてもらえてうれしかった。学校で仲間外れになっても、学校はもう嫌だ、居場所がない、という感じとは違ってましたね」

一週間と比較的短期間で学校に戻ったのも、受験という目標があっただけでなく、いじめがあっても英会話教室や学習塾という、学校とは別に自分を認めてくれる居場所があったからではないか、と和也は言う。夏休みには学習塾の夏期講習も受けて、受験モードの生活が七カ月続いた。中学受験は私立の中高一貫校に合格した。

「滑り止めのように思っていた学校でしたが、これで地元の中学に行かなくてすむ、やったー、と思いましたね」

和也は私立中学に進学することで、三年近く続いたいじめの構図から、ようやく抜け出ることができた。

トランペットが青春

二〇〇〇年四月に入学した私立中学は、男子の進学校で一学年は四クラスあり、成績順に分けられていた。和也は上から二番目のクラスにいた。

「毎年成績でクラス分けをする。一年生は入試のときの成績で振り分けられた」

部活も盛んな学校で、入学早々、吹奏楽部に入部することを決めた。

「たまたま知り合いが吹奏楽部にいたので、足を運んでみたら、入部する流れになってしまった」

小学校時代はリコーダー以外の楽器はやったことがなかった。しかも、不得手だった。

「指をたくさん使う木管楽器はできないので、指三本ですむ楽器にしてくださいと言ったら、超地味な楽器のホルンになった」

三カ月後、先輩からの声かけでトランペットに移り、高校卒業までの六年間、トランペットを吹き続けた。楽器はまったくの初心者だったが、トランペットの練習にのめり込んでいくには、そう時間はかからなかった。

「トランペットは目立つ楽器なので、音を外すとすぐに分かっちゃう。メロディーを吹くので、三本指のわりには大変だった」

吹奏楽部は、中学一年生から高校三年生までの六学年が合同で、練習は厳しいことで知られていた。

「練習はみっちりやりましたね。放課後の午後四時から六時までやって、さらに居残りで七時まで自主練習。土日は授業がないので朝から夕方まで練習をやっていました」

学校から帰宅するのは、夜の八時をすぎた。

「部活をやっていると、充実感はすごくありました。これがないと生きていけない、と思うほど練習をしましたから。厳しい練習を休まずにきちんとやって、夏にあった定期演奏会に出る。なんとも言えない達成感があった。部活のことしかいつも頭になく、部活に愛着を感じていました」

部活に力を入れ込みすぎて、疲れているのに、帰宅をしても睡眠障害でうまく眠れなかった。

「睡眠不足を補うため、授業の休み時間も昼休みも寝てました。昼休みにサッカーしようぜ、なんて考えれなかった」

体力が続かず、年に何日かは仮病を使って学校を休んだ。

「仮病が通じないこともあった。お腹が痛いから休みたいと言ったら、母に見抜かれて、そんなこと言ってないで、すぐに行きなさいと。渋々登校したこともありましたね」

高校一年生になると、朝練も加わり、朝の七時には学校で自主練習が始まった。

「六時には家を出ないと間に合わない。そのときは、朝シャワーを浴びる生活に変わっていたので、五時起きは当たり前でしたね」

高校になると、大学受験に向けて、授業の雰囲気も中学とは変わってきた。

「中学の数学三年分を、二年で仕上げてしまう進学校だったので、受験の意識は高かった。高校では授業のときに、こんな問題ができないなら受験をあきらめなさいと平気で言う先生もいて、中学とは違っていた」

大学受験の足音がだんだん近づく中、吹奏楽の練習に明け暮れていた高校二年生のとき、新任の若い化学の教師と出会った。理科好きの和也にとっては、授業が魅力的だった。

「他の先生は完全に受験モードで教科書以外のことはあまり触れなかった。でも、その先生は教科書を読むだけでなく、授業に世間話や雑談をうまく盛り込んで、生徒をあきさせない。ユーモアのある語り口で、授業がすごい分かりやすいし、年齢的にも近くて魅力を感じましたね」

化学のテストで高い点数を取り、この教師からほめられると、うれしくてたまらなかった。化学の教師との出会いは、その後の進路選択に大きな影響を与えた。この教師にあこがれて、大学では化学を専攻して、将来は高校の化学の教師を目指すことにした。

高校三年の秋の文化祭、まさに青春をささげたといってもいい、吹奏楽部の最後の演奏会が終わった。

「受験が近づくので、普通は二年の途中で部活は引退になるんですが、自分はその後も残っていましたね。三年生では自分一人だけだった」

文化祭からしばらくした十一月、ある大学のＡＯ（アドミッション・オフィス）入試を受けた。ＡＯ入試は、年明けに実施される一般入試とは別枠の募集で、得意分野に秀でた能力を持つ受験生らを対象にしているのが特色だ。志望先は理学部化学科だった。得意分野の化学でどれだけ実力を発揮できるか、募集定員はわずか二名。二次試験の面接が勝負だった。

「試験官三人の前で面接を受けた。この物質は温度が上がったらどう変化するか、とか次々と質問をされて答えを黒板に書いていく。分かりません、と言ったら、そこでアウト。何とか全部答えて、最後は事前に提出しておいた課題論文の内容について聞かれた。試験官が回答に、うーん、とうなっていたので、だめかと思いましたね」

結果は和也一人が合格だった。

一年三百六十五日オーケストラ

二〇〇六年四月、大学のキャンパスでは、部活への新入生の勧誘が華やかだった。和也は高校時代まで所属していた吹奏楽部に入るか、新たにオーケストラに入るか迷った。

「熱心に活動しているところに行きたかった。オーケストラのほうがずっと部活っぽいことをやっていたので、誘われるとすぐに入りました。新入生歓迎のコンパにはいましたから」

部室は二十四時間空いていて、そこがすぐに居場所になった。

「一年のときから部室に入り浸って、毎日練習してました。トランペットをはじめ金管楽器は外で練習しなさいと隅に追いやられる立場で、練習はいつも外。夏は暑いし冬は寒い。そこで練習してすごしましたね」

夜型の部員が多くて、練習は自然と夜遅くまでになった。

「ひどいと帰りは終電でした。部活には留年族がいて、本当に夜遅くまで残って練習してました」

部活は授業を犠牲にしても、練習すれば練習するほど評価をされて、ますます居心地がよかった。その一方で、練習に熱心でない部員には冷たく、やめていく同級生もいた。二年生になると、和也はオーケストラの楽器のことでひと悶着起こした。中高生時代から吹いていたトランペットから、ホルンに移りたいと言いだした。

「トランペットは吹奏楽では花形でしたけど、オーケストラでは、ベートーベンぐらいの時代のクラッシック音楽にはそんなに出番がない。逆にホルンは出番が多いんですよね。ホルンってこんなに活躍できる楽器なんだと知って、その魅力にどんどんとりつかれていった」

和也の希望を聞いた部員からは、批判が相次いだ。

「楽器を移ると初心者に戻ってしまうので、一からやり直しなんですね。ペエペエじゃ音程も合わせられないし、なんでできないんだ、と言われちゃう。やっぱり楽器は移らないほうがいい、と先輩に言われた」

それでも押し切って、希望を通した。ホルンに移って半年後、また和也の行動がオーケストラ内で波風を立てた。今度は、オーケストラをまとめる大役の学生指揮者になりたいと、手を挙げた。学生指揮者は、二年生の秋から三年生にかけての一年間、普段のオーケストラの練習を取り仕切る大事な役割だった。楽器を移ったばかりで、まさか学生指揮者をやるとは思いもしなかった先輩や同級生から、再び批判を浴びた。

「おまえみたいなホルン初心者に、学生指揮ができるわけがないだろうと言われた。そこでバトルになって、大分もめました」

和也は反発する部員を説得して回った。

「ずいぶん話し合いはしました。話してみると、ホルンは結構練習していたので、そこを評価してくれた人もいたし、楽器はできないけど、音楽の知識は頑張って勉強していると認めてくれた人もいた。結局、指揮者は部員の選挙で選んだんですが、賛成してくれる票が多くて決まった」

学生指揮者は二人いて、和也は管楽器、もう一人が弦楽器とオーケストラ全体の指揮をした。

「学生指揮者をしていた二年生の秋から三年生の秋って、一年三百六十五日練習をしていたんですね。自分の楽器のホルンの練習もたくさんやらないといけないし、学生指揮者もやるというダブルでやっていましたから、やってもやっても時間が足りなかった」

楽器のホルンへの移動、学生指揮者への立候補と、部員の中に波乱を起こしてまでも、なぜ次々と自分のやりたいことを押し通したのだろうか。

「今思うと、なぜあんなに部活に力を注いでいたんだろうと思いますけど、オーケストラが生きるより所でしたから、部活への思いとか情熱とかは半端じゃなかったですよね。愛着が沸くくらい情熱を注いでいましたから」

部活にのめり込んでいた当時、もう一つ入れ込んでいたものがあった。予備校の事務のアルバイトだった。

「夕方から、週三日固定で入ってました。誰か休むと代わりに入って、週四日になることもあった。

家でも予備校のパンフレットを見て、外部からの問い合わせにも対応できるように勉強するなど、相当入れ込んでました」

理由は部活のオーケストラと同じだった。

「部活のように、たくさん一生懸命仕事をやっていれば、評価されて、認めてもらえる職場だった。それがうれしくて頑張りましたね」

授業に足遠のき教師の夢しぼむ

部活とアルバイトに入れ込み、やればやるほど評価されていった一方で、高校の化学の教師になるという入学当初の夢は、急速にしぼんでいた。化学の授業が高校時代に思い描いていたものとは違って、すぐに興味を失ってしまった。

「一年生で化学の専門授業が始まると、そこで言われたのは、授業は研究者を養成する前提でやりますよということと、高校の化学と大学で学ぶ化学は全然違うよ、ということでした」

周りの化学科の学生を見ても、できれば大学院まで進学したい学生がほとんどだった。

「オリエンテーションのときから感じてましたけど、こういった研究がやりたいとか、こういったことを化学で学びたいと言っていた人が多かった。みんな研究のほうに傾いていてびっくりしちゃった」

和也は、研究者の養成を前提にした授業には、違和感を持っていた。さらに、授業は高校時代に期待していたのと違い、内容が難しく、実際に高校の化学の知識ではついていけなかった。

「高校の知識が役に立たず、それまでの自分を否定された感じがして、結構きつかった」

だからといって、みんなと同じに研究者を目指して仕切り直して頑張ろうという気持ちになれず、ギャップがあった。一人授業から取り残されたような気がして、面白くなく自然と足が遠のいていった。

「高校の教師になりたいというレベルだと浮いちゃう。自分から引いたところもありますけど、クラスメートや先生と授業のマインドが違った」

それでも、そんなに気落ちすることはなかった。心を埋め合わせてくれたのは、部活という居場所だった。

「一、二年生のときは、なんとでもなったんですよね。将来のことを何も考えなくても、部活に打ち込んでいれば、評価されますし、単位をばさばさ落としたところで気にならなかった」

大学生活で最初の岐路に立たされたのは、三年生に進級するときだった。三年生では、週四日ある化学の実験の授業を履修するのか、決めなければならなかった。

「実験の授業を履修しないと、四年生に進級できないシステムで、どうしてもそこをくぐらないといけなかった」

必修の実験を履修しなければ四年生には進級できず、早々と留年が決まってしまう。この選択の時期は、部活のオーケストラで学生指揮者の大役に挑んでおり、いくら時間があっても足りない忙しさだった。化学の実験を履修するのなら、学生指揮者は降りるしかなかった。結局、留年を覚悟して実験の履修登録をせずに、部活にまい進した。

「化学科とは、留年で完全に縁が切れましたね。クラスメートとは、彼は留年だからという感じで、接点がなくなった。部活のほうは、留年だねという話は出るんですけど、評価が変わるわけじゃない。留年ということよりも、どれだけ練習しているかにポイントを置く。それと、部活には留年していた人がわりといたので、自分の中では留年したらやばいという気持ちはなかった。オーケストラについて熱い議論を、留年組と一緒にやってましたね」

和也がのめり込んでいた学生指揮者の大役も、三年生の秋の定期演奏会を最後に一年間の幕を閉じた。翌春こそは、化学の実験の履修登録をしなければ、二度目の三年生留年が決まってしまう。だが卒業を念頭に、学生生活の軸足をオーケストラから学業に戻して、化学の実験の履修登録に踏み切ろう、という気持ちはなかった。

「学生指揮者が終わっても、部活をやってましたね。このころになると、他の同級生は就職活動に向けた動きとか出るんですけど、自分は相変わらず部活にのめり込んで、後輩たちとも練習をたくさんした。漠然と、このままで大丈夫かと思っていながらも、やっぱり部活に行かないと、という感じで、やばいぞという感覚とは違いましたね」

親に留年ばれて険悪ムード

大学生活四年目となった二〇〇九年四月、それまで両親には留年のことは黙っていたが、大学からの連絡で分かってしまう。

「家に通知表が送られてきて、赤ペンで留年と書かれていた。親にも分かる書き方だったので、これはどういうことだ、とすごく怒られた」

留年が知られると、親との関係は険悪になった。あまり話もしなくなったが、和也のほうから、関係を改善しようと動くこともなかった。朝、自分の部屋で寝ていると、母親が心配して「今日は学校に行かないの」と起こしにくるようになった。部屋をのぞかれるのは嫌だったが、反抗もせずに布団の中で黙っていた。起きると、ぶすっとした顔で出かけるが、授業にはほとんど出なかった。それでも朝、母親の声を聞くと、不安が頭をよぎることが増えた。

「午前中の授業に出ようと思っても、生活が乱れて起きれない。思った通りの時間にも起きれず、単位を落としてしまいそうな状況に、どうしてこんな生活になっちゃったんだろう、とそこから精神的に参ってきた」

両親との関係悪化に加えて、学生生活のより所になっていた部活でも、大きなストレスを抱えていた。学生指揮者を降りた後、後輩の指導に力を入れていたが、外部からの指導者との間で板挟みになった。

「外部の先生は、後輩の演奏を見て、あれができていないとか、あの人は登壇させないで別の人がいい、とかこっちに言ってくる。結構きついことを言うんで、そのまま後輩に伝えるわけにいかず、その場は、後輩が頑張っているんです、みたいに答えておく。言えばやめちゃいますから。結局、自分が上の人にも下の人にもいい顔しながらやって、疲れちゃうので、相当メンタルはやられましたね」

留年、親子関係の悪化、部活での板挟み、見えない進路。こうしたストレス要因が重なって、何をやるにも体がつらくなり、次第に無気力になっていった。

「進路でいうと、ずい分外れた道に、行っているわけじゃないですか。自分はなにをやっているんだろうと、ネガティブに考えるようになりましたし、無気力な感じがどんどん強くなっちゃって、もしかしたら、自分はうつ病じゃないか、メンタルがやられちゃったんじゃないか、と思うようになった」

自分の精神状態がどうなっているのか不安になり、その原因を徹底的に調べようと、図書館で本を読んでみた。

「精神医学と心理学の二つの専門書で、こういったのに当てはまる人は、うつ病ですみたいなことが書いてあるんですけど、そのどれもが当てはまらない。百冊は読んだはずですけど、自分の症状に当てはまる記述がなかった、というのが正直なところでした」

本を読み漁っても原因はよく分からない一方、部活の練習は何とかやれていたが、無気力な感じはどんどんエスカレートしていった。膨らむ日常の違和感に「自分の頭がおかしくなったのでは」

と怖くなった。自力での原因探しはあきらめて、夏休み明けに心療内科を受診した。診断名は自律神経失調症だった。薬が処方されたが、症状は改善されるどころか、副作用に悩まされた。

「睡眠薬と抗うつ剤をのむと、しっかり眠れるようになったり気分が前向きになったりするのかと思ったら、睡眠薬は副作用でだるさがすごい出た。抗うつ剤もだるさが残って余計体調が悪くなった。朝起きたのはいいけど、だるくて二度寝しちゃう。部活も予備校のアルバイトも基本は午後だったから、それでもやっていけた」

診察でかかりつけ医に副作用がつらいことを話すと、別な薬に変えるか種類が増えるかで、解決にはならなかった。それでも薬を飲んでいれば、そのうちに症状はよくなるだろうと思っていた。薬の副作用もあって体調はどん底だったが、それでも部活の練習は休まなかった。秋の定期演奏会に向けて、オーケストラの練習は佳境に入っていた。

「十一月の演奏会では、メインの演奏曲が、担当のホルンがとても目立つ曲だったので、練習量とプレッシャーは半端じゃなかった。体調がすぐれず、体がどうなるのか心配したけど、演奏会までは頑張れた」

だが、演奏会が終わると、体が燃え尽きたように動かなくなり、部活に足を運ぶことすらできなくなった。

「疲れたし、薬の副作用は出るし、生活のリズムもぐちゃぐちゃ。物理的にも起きれない状態が続いちゃって、家から出られなくなった」

自室にひきこもったのは、年の瀬の十二月中旬のことだった。

心療内科の受診を知られる

和也が自分の部屋にひきこもるようになっても、母親は朝、起こしにくるのはやめなかった。

「ドアをガチャっと開けて入ってくると、ムスッとした感じで、もう朝だけど学校に行かないの、って声を掛けてくる」

起きる気力がなく布団の中にいると、それ以上は何も言わなかったが、母親がいらいらしているのは分かった。ひきこもると、生活のリズムはどんどん乱れてしまい、寝るのは午前二時、三時。昼に起きても体がだるければ、そのまま夕方まで寝すごしてしまうこともあった。窓のカーテンを締め切った部屋で、一日のうち布団から出るのはトイレと食事、風呂に入るときぐらいだった。

食事は、留年が発覚して親子関係が悪化してからは、両親と顔を合わせるのがわずらわしくて、一緒にテーブルを囲むことは避けていた。ひきこもった後も、両親と鉢合わせをしないようにと深夜、台所に行って一人で食べることが多かった。

「冷蔵庫を開けると、夕食はおおめに作るので、残りが入っていることが結構あった。カップ麺を食べてすますこともありました。ご飯をたべる回数は減って、一日に一食か二食になりましたね」

それでもお腹は空かなかった。風呂はアトピーの持病があって、入らないとかゆみが出てきて困ったので、毎日入浴するように心がけた。

「一日入らないだけでもかゆみが起きますし、家にいると、ハウスダストでアトピーがどんどん悪くなっちゃう」

ひきこもりが始まって一カ月も経たないころ、ほとんど和也の生活に口をはさんでこなかった父親が、思わぬ行動にでた。和也が受診していた心療内科を、直接訪ねたのだ。心療内科の受診は、両親には黙っていたのに、なぜか知られてしまった。

「財布に心療内科のカードを入れてあるのが親に見つかって、これはどういうことだ、と父が自分に黙って聞きに行ったようです」

財布から診察券が抜き出されていたので、不審に思って母親を問いただすと分かった。

「親も、どうして息子が突然、家から出られなくなってしまったのか、困惑して原因を探っていたんだと思う」

だが、父親が無断で診察券を持ち出したことには、腹が立った。

「頭の中ではめちゃくちゃ怒ってましたね。なんで黙って行ったんだと。そうは思いつつも、怒りをばあっとぶつけることはしなかった」

父親に何か言われるかドキドキしていたが、心療内科で何があったのか、父親は一切言わなかった。ただ、その後の両親の接し方は明らかに変わった。

「母が部屋をのぞきにこなくなりましたね。それが一つ目で、あとは親とたまに鉢合わせたときは、将来どうするんだ、と聞かれたことがあって、びくびくしてたんですが、心療内科を訪ねた後は、顔を合わせても、そのことは一切聞かなくなりました」

両親の間でどんな話があったのか分からなかったが、和也の生活に直接踏み込んでくることは、なくなった。それまでのような、両親を避ける気持ちは、自然と薄らいでいった。

「親の接し方が変わったことで、顔を合わすハードルが低くなって、楽になった。夕食の時間とかに、お腹がすくとふらっと居間に行き、親がご飯を食べていたりテレビを見ていたりするので、毎日じゃないけど顔を出すようになった。最初のうちは、食べるとすぐ部屋に戻ってましたけどね」

母に「生きていてごめんなさい」

心療内科に通院していたことが両親に知られたのがきっかけで、それまで険悪だった関係が好転しはじめたのは良かった。だが、部屋に一人ひきこもっていると、自分のような人間が生きている意味があるのか、と自問自答する自己否定の感情をどうすることもできなかった。

「ひきこもっているときって、起きられなくて、寝ていることが多い。留年しているのに寝込んでいたら、また留年しちゃうわけでしょ。自分は他の人よりできない人なんだ、こんな状態が続いていくなら、死んだほうがましだと思って」

自己嫌悪のフラストレーションから少しでも楽になりたいと、ひきこもって間もないころから、はけ口を自分の腕を切って傷つける、リストカットに頼るようになっていた。

「基本は左腕ですね。今でも痕が残っているのは七ヵ所ぐらいですけど」

切るのはカッターナイフを使った。気分が落ち込んだときも、逆に高揚したときも、リストカットはやめられなかった。

「うつのときだとある種悲しくなる。何もできない自分に絶望して、悲しくなって、自分なんかいなくなっちゃえばいいのに、と言って、切っちゃっていた。躁のときは完全に罰ですよね。自分が大学に行けないことにいらついちゃって、こんなこともできない自分は何をやっているんだ、痛みを思い知れ、とやってましたね」

だが自分の腕をいくら傷つけても、自傷行為で気持は楽にならなかった。

「リストカットをしても、痛みを感じない人が結構いるみたいですけど、自分はめちゃくちゃ痛かった。切ったら痛いし、楽にならないけど、不甲斐ない自分に戒め的な感じで、リスカットしていた」

カッターナイフで切って、ある程度血がにじむくらいに腕を傷つけると、傷口に絆創膏を貼るのを繰り返していた。自分は果して生きる価値があるのか。生きることの意味を見いだせないまま葛藤に疲れると、リストカットに走るひきこもり生活。部屋で一人孤立していると、ますます精神的に追い詰められていった。逃げ場のない閉塞感の中で、二月のある日、突然、部屋を出て、母親を見つけると、いきなり「生きていてごめんなさい」と言った。

「うつうつとした気分でいたので、生きるのはもう嫌だな、と思い、遺言みたいに母に言った」

本気で死のうと考えていたわけではなかった。発作的に自らの葛藤を言葉にして、吐き出さずにはいられなかった。一方的に言葉を吐き出すと、自分の部屋に逃げ帰えろうとしたが、異様な言動に驚いた母親に捕まった。

「そのとき、母は愛の説教じゃないですけど、結構な時間、いろいろな話をしたと思うんです。でも強烈な印象が残ったのは、秋にあった演奏会の話だけだった」

和也がひきこもるしばらく前、前年十一月のオーケストラの定期演奏会に、母親は一人でこっそりきていたというのだ。演奏会の日程も会場も、母親には教えていなかった。

「母とは留年のことで険悪になっていたので、部活をがつがつ続けていると分かったら、何を言われるか分からない。演奏会に誘ったりしなかったし、日程も一切言ってなかった。でも知らない間に自分で調べて演奏会にきていた、と聞かされて、びっくりしちゃいましたね」

母親は演奏会の感想を「良かったよ」と和也をほめた。

「母に純粋にほめてもらえたんで、うれしかった。自分の中で親に結構、愛されているんだ、というのを実感できた」

この出来事で、母親が自分を気遣ってくれていたことが分かった。おかげで両親との関係は、心療内科の一件のときよりさらに好転した。

「気を遣いながらも、日常の会話は父ともするようになったし、母ともするようになった。親と険悪のまま何も話さないのは結構ストレスになっていたけど、あまり気まずく思わなくなってきたので、自分の心のつかえが取れて、体調的にも楽になった」

両親との関係がようやく落ち着きをみせた三月中旬、部活の後輩から一通の電子メールが届いた。オーケストラの春の定期演奏会が近づいているが、人手が足りないので「来てほしい」と助けを求める内容だった。両親との関係が好転する前だったら、後輩からのメールは無視していた。

「春になって、気候もよくなり、うつの症状が穏やかになってきていた。部活が好きだったので、後輩の役に立つなら、と体調の良いときに大学に出かけてみると、なんだ、動けるじゃないか、元気になったんだ、と思った」

約三カ月ぶりに、ひきこもりから抜け出た。

卒業目指すも二度目のひきこもり

大学五年目の四月、和也はこの年、進路で一つの選択をした。

「正直言って、大学の卒業資格を取りたいと考え始めた。大学を卒業できれば、どこかに就職という線もあったし、高卒で就職先を探すのと大卒では、結構違いがあると思った。六年かかってもいいから、卒業しようと考えた」

規定で四年生に進級するのには、三年生で化学の実験の単位取得が義務付けられていた。だが入学して早くに化学への興味を失ってしまったことと、部活が居場所で、オーケストラの練習に入れ込んでいたため、週四日もある化学の実験は、履修の登録すらしてこなかった。もし実験の単位が取得できなければ、また留年を繰り返すしかなかった。そこで初めて、卒業を目標に履修登録をした。他にも中退して別の大学で化学以外の分野を一年生からやり直す道も探ってみたが、あきらめた。

「それまで、なんだかんだと六十単位を取っていた。大学に五年もいて、それを捨ててまで別の大学でやり直すのでは、あと何年かかるか時間的にもきつかったし、周りに同年齢がほぼいない気まずさは、半端じゃないと思った」

結局、大学は移らずに、卒業を目指すことにした。新学期が始まると、週四日午後にあった化学の実験には毎回、顔を出した。高校の化学の教師になることを夢見て入学したはずなのに、実験は苦痛だったという。

「化学は自分に合ってないんだなと思って嫌いになっちゃっていたので、毎回出るのが苦痛だった。留年しているのも自分一人しかいなくて、本当に気まずかった。しかも、他の学生に比べて、実験がのろくて終わらない。いつもクラスで最後まで残る羽目になって、嫌だなとずっと思っていた」

実験がつらくても、是が非でも単位を取ろうと、休まずに受講した。一方、ひきこもりを抜け出す一つのきっかけにもなった後輩からの部活への誘いで、和也はオーケストラに復帰した。春の定期演奏会もなんとか乗り切って、部活中心の生活が戻ってきた。だが、外部指導者と後輩との板挟みの問題が、またぶり返して大きなストレスになった。

「OBになっても、なんで板挟みにならないといけないんだと思いましたよ。外部の先生は、問題があれば後輩の学生指揮者に言えばいいのに、相変わらず、こっちにちゃんと指導しているのか、と不満を言ってくる。一方的に言われて、すいませんみたいな感じで、我慢して謝っていた」

四年生進級を目指した化学の実験の履修と、古巣の部活でのオーケストラの練習というダブルワークの生活は、十一月にあった秋の定期演奏会が終わるまで続いた。

「化学の実験がつらくて、メンタルの面でも調子が良かったわけじゃなかったのに、秋の定期演奏会で大変難しい曲を演奏して、疲れまくった。好きなはずの部活でさえ苦痛になってしまうくらいで、肉体的な疲れがどさっときた。完全に息切れしちゃって」

部活は精根尽きてダウンしてしまったが、単位取得が見えてきた化学の実験は、あきらめるわけにはいかず、出席し続けた。年が明けた一月、運悪くインフルエンザに罹ってしまった。だが、なんとかレポートは提出することができた。

「インフルエンザで動けないこともあり、レポートはペラ紙一枚。実験の計算式を手書きで書いたもので、ひどい内容でした。でも、あのときは体力的な限界だった」

レポートを出し終わると、家からまったく出られなくなった。前年の冬に続いて、二度目のひきこもりだった。

化学とおさらば社会福祉の道へ

再び自分の部屋でひきこもる生活が始まった。二度目のひきこもりは、最初のときと比べて、大きく違うところもあったという。

「親子関係でいえば、親はひきこもったことについて、もう何も言わなかったので、楽な状況があった」

一方で、和也を苦しめたのは、とにかく無気力な状態が強すぎたことだった。

「いかんせん無気力で物理的に動けないことが多くて、エネルギーがなかったですね。リストカットも、まったくなかったわけじゃないけど、布団から起きることさえ結構きつかったので、そんなにやっていなかった」

布団の中では「このまま死んで、消えてしまいたい」という想念に駆られた。

「気分がうつうつとして、生きていて何の意味があるのかとか、死んじゃえばいいのにとか、よく考えていた。食事を何日も食べないでいたら、そのうち息絶えないかな、と思って生きていた。二日ぐらい食べなかったのは確かにあったんですけど、結果的には食欲が出て、三日目には食べましたけどね」

布団から起きたとしても、自分の病気について調べるためにパソコンに向かってネットサーフィンに夢中になった。その冬、かかりつけ医の診断名が自律神経失調症から反復性うつ性障害に変更になっていた。

「うつが何回も来ちゃうという診断が出たんですけど、それを信じなかった。精神状態に波があるとずっと思っていたので、双極性障害じゃないかと考えて、インターネットで調べていた」

こんなひきこもり生活の中で、和也は人生の大きな転換点を迎えた。

「ひきこもっていたときに、進路についていろいろ考えていたんです。無気力だとあまり考えないだろうと思われるが、そんなことはない。無気力の日もあれば、ちょっと動ける日もある。一日の中でも、午前中から夕方まではすごくつらいんですけど、夜はメンタルが良くなるので、進路について、考えられないことはなかった。自分は本当は何がやりたいのか、もう一回じっくりと考える時間ができたので、いい機会でした」

進路をあらためてじっくり考えたことで、ずいぶんと価値観が変わったという。ちょうどこの時期、四度目の三年生が決まっていた。四年生に進級する条件だった化学の実験は、なんとか単位を取得できたものの、もう一つの進級の条件だった化学の専門授業で、単位が足りなかったからだ。

「それまでは大学を卒業しようとか、就職に向けて頑張ろうとか、大学院の道もあるとか、いろいろ考えていた。でも、進路を考えると、四年生には上がれないし、化学は多分、将来的にはやらないだろうなというのが自分の中で決まって、化学からは、おさらばすることにした」

じっくり考えた末、化学に代わって新たな進路として選んだのは、まったく畑違いの社会福祉の世界だった。

「化学をやらないんだったら何をやるのか、というのを考えて、自分の病気の原因を探ろうと、精神医学とか心理学の本を読んでいたんで、人文社会系の学科で進路がないかと思い、最終的に社会福祉を選んだんですよね。理由は介護の現場をイメージしていて、自分が何かすることで、直接相手に役立つのは社会福祉だな、と思ったんですよね」

「直接、人の役に立ちたい」と、自分の中でやりたいことが決まってみると、気分が楽になり、家を出て大学に行ってみようという意欲も出てきた。三月上旬のことだ。

「社会福祉といっても、実際はどんなことを学ぶのか、分かっていなかった。大学の図書館で本を読んでみようかな、というのがあって、体調の良い日を選んで、大学に行けるようになった」

二度目のひきこもりを抜け出したのを見透かしたように、また部活の後輩からメールが届いた。東日本大震災の数日後で、今回もオーケストラの定期演奏会の出演を頼むＳＯＳだった。

「後輩から話を聞いて、じゃやります、と言って部活に戻った。体力が落ちていて、復帰するのが大変でしたね。無気力な状態から頑張って動こうとすると、動悸がしたりしてきつかった」

一カ月半の練習で、春の定期演奏会にはなんとか間に合わせたが、これが最後の演奏会となった。

「部活の人間関係が原因で、メンタルをやられちゃたところもあるんですけど、じゃ、オーケストラがなかったらどうだったかというと、大学に入って一年もしないうちに、退学してたかなと思う」

演奏会後は、自ら選びとった社会福祉という新たな道に向けて、本格的に動き出した。大学六年目は、化学の授業は履修せずに、社会福祉の授業を聴講した。社会福祉を勉強したくても、どんな方法があるのかも、分からなかったからだ。聴講で得た情報から、社会福祉系の大学の編入試験を、受けることにした。編入なら中退してまた一年生からやり直さなくても、合格すれば三年生に編入することができた。

「じゃ、そっちに行こうかと。編入には、六十何単位か取得していることが要件でしたが、すでに百単位は取っていたので、要件も満たしていた」

十一月にあった編入試験の面接で、何を学びたいかを聞かれると、自分がひきこもった経験から「ひきこもりについて研究したい」と答えた。無事試験に合格すると、新たな進路が決まった。両親は社会福祉への進路変更に特に何も言わなかった。

「学校を変わるときも、いいんじゃないって。学費は自分で払ってねって。それだけだった」

それまで大学四年目、五年目と二年続けて、冬場になると二、三カ月はひきこもっていたが、進路が決まった六年目は、一カ月もなかった。

「編入試験も合格しているし、大学をやめる手続きも早めにして、新しいステージに行こうという気持ちが強かったですね。体調は崩れてましたけど、それが致命的に外に出られない理由になったかというと、そうはならなかった」

這うようにしてアルバイトに

編入した社会福祉系の大学は自宅から遠かったので、初めて家を出て、大学の近くにあった学生寮で生活することにした。二〇一二年四月のことだ。気分に波があって体調がよくないことは、入学時に大学に説明していた。寮は原則二人部屋だったが「相部屋は難しいだろう」という大学の配慮で、個室にしてくれた。入寮早々困ったのは、エアコンもない古い建物での生活で、あっという間に持病のアトピーが悪化してしまったことだ。

「どこもかしこも汚れているんで、ハウスダストで悪化しちゃった。風呂に入ろうにも、入浴時間は夜三時間と決められていて、自宅にいたときのように、自分の体調に合わせて使えないのが苦痛だった」

洗濯物を外で干すと、虫がたくさんいて卵を産みつけるので、室内干しを余儀なくされた。自宅のあった閑静な住宅街と違って、寮のすぐ近くを鉄道が走っていたことも、大きなストレス要因だった。

「窓は防音効果が全然なくて、夜中とか早朝でも踏切のカンカンという音はするし、電車の通る音が聞こえた。うるさくてしかたなかった」

こうした生活環境の変化による苦痛は、気分に波があって神経が過敏になっていた和也に、緊張とストレスをもたらし、夜は眠れなくなった。睡眠不足で生活のリズムが乱れると、授業に出席するのにも、大きな支障が出てきた。

「朝は七時くらいまで眠れなくて、起きて一応朝食ってあったんですけど、食べられなくてずっとベッドに突っ伏している。ああ、授業が始まっちゃったとか、昼間から出ようと思っていたら、結局、昼も起きれなくて、今日も授業に行けなかったな、とそんな感じでした。寝不足状態で授業に行っても、午前は出たんだけど、午後は保健室でぱったりと寝てしまい、授業に全部出ないで終わったこともあった」

生活のリズムを改善しようと、夜眠れるように睡眠薬を処方してもらっていたが、効果はなかった。

「かかりつけ医とは、薬を変えて、きちんと眠れるように、生活のリズムを持っていこう、という治療の方針を決めました」

大学を移ったことでかかりつけ医も変わり、診断名も双極性障害になっていた。

「診察にいくたびに薬が強くなった。睡眠薬が強くなると副作用が出て、余計にだるくて授業に行けない。試行錯誤で、薬もころころ変わったので大変でしたね。薬は当時、これくらいの量がないと治らないんだろうと思っていた」

生活環境の変化と薬の副作用に加えて、三重苦のように和也を悩ませたのは、ひきこもりの時代から引きずっていた「生きづらさ」だった。

「環境の変化もありましたけど、もともと生きていて何の意味があるんだろうとずっと思っていた。自己否定の感情が解決されたわけじゃないので、引きずっていたのはありましたね。気分も結構波があって、すぐうつうつとしちゃう。リストカットも続いてました」

ひきこもりから抜け出し、新たな舞台に立つことができたように見えても、外見とは大きな落差があった。

「ひきこもりから抜け出たといっても、精神的な葛藤はいっこうに解決されていない。このつらさは説明しないと伝わらないと思う。葛藤が消えず、それを引きずって生きているという意味では、依然としてひきこもりの当事者であり続けている。外からは状況が変わっているように見えても、周りが期待するような状況にはなっていなかった」

生活のリズムが乱れた中でも、週二回の塾講師のアルバイトは休まず続けていた。生活費を自分で稼ぐためだった。

「学費は自分で払うということで、前の大学にいたときにためた金で払ったんですよ」

だが、寮の生活費は親からの援助だったので「早く援助から抜け出したい」という思いがあった。

「そうするとアルバイトで稼ぐしかない。授業は夕方まで突っ伏していたのに、塾には行ったこともあった。正直、首になりたくなかったので、這うようにしてでも行った」

編入して三カ月後の六月、両親が車で迎えにくる騒ぎがあった。部屋で朝食もとらずベッドに突っ伏していた和也を、寮母が見つけて連絡した。

「しょっちゅう保健室に行って、一時間ぐらい保健師さんにつきっきりで悩みを話したりするのが当たり前になっていた。入学直後から体調が安定しない感じで、たくさんいる学生の中でも、ケアしないとまずい存在とみられていた」

説明は大学の関係者から受けたのか、両親は帰りの車でも、何も事情は聞かなかった。自宅で四、五日休むと大学に戻ったが、体調が安定しないつらさを周りに吐き出すことで、かろうじて心のバランスを保っていた。

「保健室にも、学生支援課にも、ゼミの先生のところにも行って、悩みを話していました。眠れなくて授業に出られないとか、気分が落ち込んでますとか、大学生活をやっていける自信はないとか、しょっちゅう相談をしてました」

ひきこもりを経験した後、大学を移って社会福祉の道を進もうと、新たな目標に向け寮生活をスタートさせたが、現実は思うようにいかなかった。

「新しくやり直せるなと思ったんだけど、そうでもなかった。福祉に移って、ずいぶんやさしい人が増えたので助かったけど、精神的にはしっかりやっていけるぞというところまでは変わらなかった。福祉を勉強したいという気持ちはあっても、体がついてこなかった。気分は晴れず、自分はだめなんだなと思うことがほとんどでした」

居場所から広がるネットワーク

社会福祉を学ぶ大学での生活がうまくいかない中、ひきこもりの当事者が集まる居場所に顔を出すようになったのは、三年生に編入して半年が経ったころだ。そこはインターネットで調べて見つけた。

「編入したのはいいんですけど、寮生活もきつかったですし、慣れない環境に移ったので、ずいぶんメンタルも落ちてしまっていた。当事者の会なら、同じ悩みを持っている人たちだから、いろいろと話ができるかなとか、他の人の話を聞いて自分に役立つことがあるのかな、と思いながら居場所を探した。大学以外で気軽に集まれるところがないのかなと」

編入した後も、一週間ほどの短期のひきこもりはあった。そんな中でもネットで探し出した居場所がどんなところか、実際に足を運んでみた。そこは、ひきこもり当事者の家族会が運営していたが、会場の和室には安心して参加できるように、原則として当事者以外は入れなかった。

「テーブルが一つあって、お菓子が置いてあって、その周りをみんなで囲んで、おしゃべりできるようになっていた。参加人数も多くて七人とかでした」

すごし方は本人の判断に任されていて、決して批判されることはなかった。そんな自由でまったりとした居場所の雰囲気が気に入った。

「これをやらないといけないというルールもないし、どうすごしても自由でした。だべってもいいし、一人ですごしてもいい。雑談をしてすごしましたね。将来のこととか真面目な話ではなく、音楽なんかの話もしたと思います。自由度が高いところが好きだったので、居心地が良かった」

月に一回開催される居場所に、体調の良いときは通うことが目標になった。そこから、当事者や家族会の関係者との新たな出会いを増やしていった。

「最初はただ通うだけだったんですけど、いろいろな方に誘われるままいろいろな場所に行ってみたら、ひきこもりの交友関係がどんどん広がっていった。体がきつくて、お誘いをいただいてすぐに行けたわけじゃなかったけど、新しいつながりができて、結構元気になりましたね」

人とつながることで新たな世界が開け、生きる自信がついてきた。居心地の良い居場所ができたせいもあったのか、大学での寮生活も、編入から一年がたち、最終学年の四年生になると少しは落ち着いてきた。

「一年目は、環境が変わりすぎてどうしようもなかった。二年目になると慣れてきて、生活が安定し始めたのはあると思う」

学生にとって研究の成果を問う大仕事である、卒業論文の作成に向けた動きも始まった。和也はひきこもりの研究をテーマにしていたが、大学には、ひきこもりを扱った授業は一つもなかった。

「福祉の授業は豊富なんですけど、ひきこもりについて調べている研究者はほとんどいなかったので、ひきこもりというワードすら出てこなかった。ひきこもりのことを調べたいと言ったら、稀な存在だと言われた」

そこで、ひきこもりの居場所で培ったネットワークを、卒論の作成に活用しようと思いついた。

「当事者と家族会との接点が、なかったわけではないので、いざとなればインタビューができるかな、という感じは持っていた」

三つの家族会に協力をしてもらい、家族を対象にしたアンケート調査を実施して、結果を分析した卒論を作成することにした。当初はひきこもりの当事者本人にアンケートができないか模索してみたが、難しかった。五月ごろから家族会を訪ねて、アンケートを依頼して回った。

「家族が当事者本人に居場所の情報や行政の支援の情報を伝えるには、どんな方法だと効果があるのかを調べた。結局、情報の載ったビラなど紙媒体を置くのではなく、言葉で直接本人に伝えたほうが効果があるという結果だった」

卒論は翌年の春に完成して、協力してくれた三つの家族会にも、成果であるアンケート調査の分析結果を伝えた。これで家族会への責任も果たせた。そして二カ月後、最初に居場所を訪ねた家族会から、ある依頼が舞い込んだ。これまでの個人体験を、当事者として家族会の集まりで発表してほしい、というのだ。このときは単位不足で、大学の卒業が半年先に延びていた。

「それって税金でしょ」

家族会の会員を対象にした小さな集まりで、ひきこもりも含めた自身の体験を語ってほしい、という依頼に和也は応じた。家族会で自らの体験を語るのは初めてだった。

「卒論の件もあって家族会に出入りしていたので、会の代表から発表してみないかと頼まれて、じゃ、話しますかと。話すのにはそんなに抵抗はなかった」

当事者とうまくコミュニケーションが取れず、悩む家族も少なくないことから、むしろ当事者の声を直接届けることで、家族にも当事者についてより知ってもらえる機会になると思った。

「自分の体験を話すだけなので、家族の前で丁寧に話ができましたね」

当日は個人体験の発表の後、参加者との質疑応答の時間が設けられていた。そこで出席者から思いがけない質問を受けた。

「当事者がどうやって自立するのかという質問に、生活保護とか障害年金とかの受給も、もしかしたら可能性はあるんじゃないか、と答えたんです。すると、それって税金でしょって感じで言われた。働こうとしないで、生活保護や障害年金を受給するのはどうなのって」

他にも「外に出ないのは甘えじゃないか」という意見もあった。

「主催者の代表は良かったよ、と発表を評価してくれたけれど、ショックでしたね。自分のことをえぐって体験を発表したのに、働けとか、甘えじゃないかとか、そういう意見が出るとは、予想もしていなかった」

この発表がきっかけとなって、他の家族会からも体験を聞かせてしてほしい、と依頼が相次いだ。

「家族の前で話した人はあまりいないんで、そういう意味ではいい存在だったのかもしれない」

だが「働かないのか」「甘えじゃないか」といった声に加えて、和也のひきこもりが二、三カ月と短期間だったことを捉えて、「あなたはひきこもりじゃない」とか「うちの子はあなたとは違う」といった声が、体験を発表するたびに参加者から聞かれた。

「いらっとしましたよ。発表のたびに似たようなことを言われたんで、当事者のことを分かってないなというのが、正直なところでした。ひきこもった本人の表面的な言動しか見ていない。本人がどんな思いでひきこもったのか、つらい気持ちを理解してないなと思った」

その一方で、和也も質疑応答の中では、質問に対して、自分の考えをきちっと説明できていないというもどかしさがあった。

「自分のことを話すのはいいんですけど、質問に答えるのができていない。口で説明するのは難しいと思ったんです」

そこで自分の考えをまとめた小冊子を作って、家族会などに配り始めた。

「書いたものを渡せば、いくらか家族の価値観が変わるんじゃないかと思った。家族会の人たちに知ってもらいたくて、例会とかイベントで、許可を取って配りましたね」

小冊子は最終的に九号まで作った。

「本人の価値観と家族の価値観が違うことを認識しないといけませんよね、とか居場所に通って一年以上すぎていたので、居場所の意義、参加した感想、それに家族会のことなどを中心に書いてました」

個人の体験を家族会で発表していく活動の中で、その後の生き方の方向性を決めることになる、他のひきこもり当事者との出会いがあった。それは、初めての個人体験の発表から二カ月後、別の家族会での発表が終わった後のことだった。その日は、男女三人の当事者が、和也の発表を聞くために会場に来ていた。

「男性の一人が、せっかく集まったんだからお茶しませんかと言いだして、みんなで喫茶店に移った」

四人で気楽な感じで雑談をしていると、また男性が「こんな感じの場でよければ、もっと続けませんか」と提案した。異論はなく「とりあえず集まりやすいかな」ということで、交通の便がいい横浜市内の喫茶店を新たな会場にして、集まることに決めた。

「緩いサロンのような場所があればいいなと。だから参加者も内輪というか、そんなに広げるつもりもなかった」

喫茶店を会場に、個別に連絡を取り合って、ひと月か二カ月に一回のペースで集まった。このサロン的な内輪の集まりが、当事者会が運営する居場所へと大きく変化するのは、約半年後の二〇一五年春のことだ。大学を移った年の秋から二年半近く通っていた家族会が運営する居場所が、閉鎖されることになったのだ。

「家族会の人に続けてくださいと言ったんですけど、三月でなくなることが決まった」

そのときに、どうせならこの際、自分たちで居場所を作れないかと思った。三月か四月ごろ、内輪で集まったときに居場所作りについて、和也は他の参加者の意見も聞いてみた。

「喫茶店のような場所ができたら面白いねとか、当事者同士で集まれる場が少ないので欲しいとか、四十歳以上の人が行けるところが本当にないので、年齢に関係なくすごせる場が欲しい、という声もあった」

はっきりと居場所をやろう、と宣言したのは五月。翌月にはファミリーレストランに集まって当事者会の名前を決めた。

「二時間ぐらいああしたらいい、こうしたらいい、とアイデアを出し合って正式名称が決まり、じゃ、この名前で立ち上げようとなった」

名前は「ひきこもり当事者グループ「ひき桜」ｉｎ横浜」と決まった。会場は喫茶店の近くにあった、神奈川県の公共施設の部屋を借りることにしたが、どうしたらいいのか手続きが分からなかった。

「ノリで居場所をやろうと言ったのはいいんですけど、段取りも知らなかった」

家族会の関係者に教えてもらいながら、手探りで準備を進めた。ブログやツイッターなどのSNS（会員制交流サイト）で参加を呼びかけた。七月、第一回の居場所の開催にこぎつけた。果たして何人参加するのかも、読めなかった。

「誰も来なかったら、普段と同じ内輪の会だねって、話してた」

会場には、フリーで話せるコーナーと、一人でもすごせるコーナーと二つが用意されていた。蓋を開けてみると、参加者は十五人にもなった。

「結構、大所帯だったのでびっくりしましたね」

こうして四人の当事者の出会いから生まれた居場所は、活動の一歩を踏み出した。

自分に合った人生を選びとる

居場所がスタートした二〇一五年、和也は同じ大学の大学院に進学した。専門は社会福祉学。「ひきこもり領域におけるピアサポートの効果的な要因」という研究テーマができていた。ピアサポートという言葉を初めて耳にしたのは、その約四年前のことだ。米国から有名な研究者が招かれ、講演を聞く機会があった。ピアサポートは、似た経験を持つ者同士（ピア）が、お互いのつらい経験を語り合い、共感することで支え合い、問題を解決していく手法だった。講演で知って、こんな手法があるのかと驚かされた。

「自分のひきこもり体験を何かに活かしたいと思い、社会福祉の世界に移ろうと決めたが、具体的にどうしたらいいかは、思い浮かばなかった。ピアサポートのことを聞いて、これなら、ひきこもり経験を負の遺産として封印してしまうのではなく、むしろ自らがひきこもりで経験した葛藤や困難、生活の工夫などの知識を活かして、お互いに支え合うやり方は画期的で、これが自分のやりたいことかな、と魅力を感じました」

ピアサポートに関連するイベントに、都合がつけば顔を出したりもしたが、本格的にピアサポートとは何かを学ぶチャンスは、めぐってこなかった。やっと念願の学習の機会が訪れたのは、大学院に入学したころだった。ピアサポートの理論を学ぶ、民間団体主催の連続学習会に参加できた。誰もが参加できる一般向けのオープンな学習会だった。テキストは、ピアサポートの先進国だった米国やカナダの政府が、それぞれ精神障害分野の研修のために作成したテキストの翻訳を使った。

「テキストの内容は、ピアサポートの定義って何だろう、からまず始まるんです。それまで、ピアサポートには具体的に何が必要なのかとか、どういう関わりなのかとか、全然知らなかったけど、テキストには、理論を体系的にきちんと書いてあるのを見て、すごいな、と思って衝撃を受けましたね」

だが、初年度が終わる翌年三月、学習会は続くものとばかり思っていたが、継続はしないと知らされた。

「せっかくすばらしいテキストにめぐり合ったのに、学習会がなくなっちゃうのは、本当にもったいないと思った。それなら自前で学習会を開催できないか、と頭に浮かんだ。個人じゃなく、当事者会を活用して開催するのはありじゃないか。そう思って、そのときはフットワークが軽かったので、すぐにテキストを使ってもいいか聞いてみて、承諾を得た」

テキストは無償で借りることができた。早速、ピアサポートの学習会を新たに立ち上げることにしたが、参加者の対象は、ひきこもりの当事者に限ることにこだわった。

「一般の人が参加できる学習会は少ないけれどある。でも、ひきこもりの当事者同士が学ぶ学習会というのはまったくなかったので、自分たちは今までにないものをやりたいと思った。ピアサポートは『支援する―される』といった一方的な関係ではなく、当事者同士の相互の支え合いなので、学習会の場が当事者同士の場でなかったら、それが対等の支え合いなのかという疑問があった。だから、家族とか他の人は別の学習会に出ていただき、当事者同士はこちらでやるぞと。新しいものにチャレンジするという感じで、対象はすぐに決まった」

学習会の目的は、当事者がテキストを使って、体系的にピアサポートを学ぶことと、もう一つあった。

「自分の中では、ピアサポートの取り組みは魅力的で、みんなに知ってもらいたかった。でも、本当に有効かどうかなんて分からない。学習会にピアサポートを取り入れてみて、実際に必要なのか、当事者で話し合い検証をしてみたかった」

学習会には、社会福祉団体から助成金を受けられることも決まった。

「申請の際に開催する回数を決めないといけなかったので、十回はやろうと思った」

ひきこもりの当事者が運営する、初めてのピアサポート学習会は二〇一六年八月、定員二十人で開かれた。それから今年で居場所の開催は六年目、ピアサポートの開催は五年目にそれぞれなる。月一回の居場所には、十代から五十代までの幅広い年齢層の人たちが、三十人前後集まる。フリートーク、卓球・ゲーム、女子会の各コーナーがあって、いたい場所で好きなように緩やかな時間をすごす。小人数の演習中心に学び合うピサポートの学習会は、二〇一九年度は十回開催された。当事者の求めるものが違うのか、居場所と学習会の参加者はあまり重ならなかった。

双方の代表を兼ねる和也は、大学院に進んだ後、二年間休学して退学した。

「一年だけ通った後、指導教官が別の大学に移動した。他に教わりたい先生がいないから、休学しますと言って、二年間休学して、気持ちが変わらなかったのでやめたんです」

その分、居場所と学習会の運営にエネルギーを注いだ。

当事者同士が支え合うピアサポートの目標の一つに、「リカバリー」という概念がある。ひきこもりのリカバリーというと、ひきこもりの状態から抜け出して、社会的自立を目指して、就労あるいは就学につながることを思い浮かべる。

だが、ピアサポートでのリカバリーの意味は違う。自分に合った人生を自ら選びとり、それに向かって、主体的に生きていくことだ、と和也は解釈している。自分も、自ら選びとった居場所と学習会の運営に携わることで、リカバリーが進んだと自覚している。

「当事者活動には本当にやりがいを感じました。活動に対するやりがいをすごく感じて楽しかったです。まさに自己実現ができましたので」

その一方で、社会的自立が厳しいのも現実だ。

「自分の生活費は親の援助じゃなくて、アルバイトと講演の謝礼でまかなっているが、当事者活動を続けるのは実家暮らしじゃないと成り立たない。それもいつまで続くかという感じで、そこが難しい」

それでも、ピアサポートが多くの人に認知され、ピアサポートを学んだ人が各地で活動できるようになればと、和也は将来を見据える。

第四章　中高年のひきこもりは置き去り

怒りの吐き出し方が分からない

島田誠が実家を離れて暮らすため、家を出たのは二〇一七年の夏、四十三歳のときだった。二十代の後半から十三年間、自宅の二階にある部屋にひきこもった。家を出ようと決断した最大の理由は、同居していた両親の存在だった。ひきこもりが十年以上になると、テレビのあるニュースに心がざわついた。家庭内で起きた殺人事件だった。なかでも島田が引きつけられたのは、同居する親を殺害した事件だった。「自分も何かやってしまうのでは」と怖くなった。

両親はともに七十代。島田自身も四十歳をすぎて、高齢の親に経済的に依存する自分が、なんともやるせなかった。

「ずっとひきこもっていたので、いらいらがすごくあった。自分の感情を押し殺していましたから。でも、怒りの吐き出し方が分からないし、吐き出した後どうしたらいいのか、対処のしかたも分からなかった。何か問題を起こす前に、早く家から抜け出さないと、という怖さがあった」

家を出る半年前、行政に支援してもらおうと、市役所に向かった。家を出て一人で自立した生活を営んでいくには、どんな行政サービスを受けることができるのか。ひきこもりの当事者や家族を支援する窓口を見つけようと探した。

「市民相談の窓口で、ひきこもりから外に出ようと思っている。一人ではどうしようもないので、何とか助けてくれるところはないか、と聞いたんです」

生活困窮者や障害者の窓口はあっても「ひきこもりの窓口はない」と言われ、県の窓口も紹介されたが、結局、支援は受けられなかった。一時は、家を出ることは無理かとへこみかけたが、あるNPO法人が運営する施設で受け入れてもらえることになった。

「家に戻るくらいなら、死のう」

島田は悲壮な覚悟で、十三年間ひきこもった家を後にした。

体罰、いじめ、授業は〝お客さん〟

島田は、瀬戸内海に面して広がる兵庫県の地方都市で生まれ育った。家族は両親と双子の兄がいた。兄と一緒に地元の小学校に進んだが、社交的で友だちも多かった兄とは対照的に、島田は内向的で一人でいることが多く、クラスでは目立たない存在だった。

「転校生とすぐ仲良くなった。相手も一人だから。でもいつの間にか、どれかのグループに入ってしまい、また一人になる」

学校生活は苦痛でしかなかったという。授業を聞いていないわけではなかったが、内容はまったく分からなかった。

「先生の話を聞いていても、頭に入らない。どう勉強したらいいのかも分からない。だから、授業は全然面白くなかった」

分からなければ、放っておかずに聞けばよかったが、それができなかった。

「言えないんです。分かりませんとか、教えてくださいとか、一切言えなかった」

担任のほうも、島田が授業を理解していないことが分かるようになっても、手を差し伸べてくれなかった。

「怒るだけで、どこでつまずいているのか一緒に考えてみよう、という姿勢も見せなかった」

最初に授業でつまずくと、教科書の内容が分からないまま、どんどん置き去りにされていった。授業も分からず、教室で一日おとなしく椅子に座っているのは、苦痛以外のなにものでもなかった。当然成績は悪く、通知表はほとんど「1」だった。宿題が出されるようになると、学校に島田の居場所はなくなった。授業を理解できていないので、宿題を持ち帰ってもどうしていいのか分からず、だんだん提出しなくなる。

「最初のころは、一応目は通しましたけど、どう答えていいか分からないから、最後のほうは開くこともしなかった。親に怒られるから宿題をやってるふりはしましたけど」

宿題の中でも特に苦手だったのは、読書感想文だった。

「本を読んでも感想をどう書いていいのか分からないので、宿題は提出しない。居残りで無理やり読まされて、泣きながら毎年書いてましたね」

宿題を提出しないようになると、担任から目を付けられて、黒板の前に立たされた。だが、何度黒板の前に立たされても、授業が理解できていない状況が改善されない限りは、何も変わらなかった。

「クラスのみんなの目線が気になって、目立たないようにしようと思っても、先生に怒られるたびにまた目立ってしまう」

島田は教室に〝お客さん〟のように一人ポツンといる目立たない存在から、否が応でもクラス中の冷ややかな視線を浴びる羽目になってしまった。しかも、ただ目立つ存在になっただけではなかった。怒られてばかりの島田を見て、クラスでいじめが始まった。

「靴を隠されるとか、教科書にいたずら書きをされたり、机の中をぐちゃぐちゃにされた。助けてくれる人は誰もいなくて、されるがままだった」

集団で暴力を振るわれたことはなかったが、島田が怒ってけんかになると、それをまた面白がって、いじめは繰り返された。いじめるのはクラスの男子がもっぱらだったが、小学校の高学年になると、女子との間もうまくいかなくなった。

「運動はだめだし、成績も相変わらず下だったんで、女子からうとまれるようになるというか、陰でこそこそ言われるじゃないですか。それが耳に入って、だんだん苦手になって、女子と一緒にいるだけで極度に緊張するようになった」

担任に訴えようにも、島田にとっては何も言えない怖い存在だった。

「とても話す勇気が持てないでいた」

毎日のように担任に怒られ、クラスでいじめを受ける、そんな逃げ場のない学校生活に、島田は耐えきれなくなる
「いついじめられるか、いつ先生に怒られるか分からないから、怖くてしかたなかった。だから学校にはすごく行きたくなかった」

学校が嫌になると、宿題以外の忘れ物も増えた。授業に関心がないので、学校の持ち物をそろえてから寝る習慣もなかった。

「教科書を忘れるときもあれば、体育の運動着を忘れてきたりとか、いろいろあった」

担任は宿題の提出忘れのときと同じように、なぜ島田に忘れ物が多いのか、その原因を一緒に考えようと寄り添うのではなく「だらしがない」と島田を怒っただけだった。島田は学校に嫌気がさしてストレスがたまると、親に頭が痛いとか仮病を使って、ちょくちょく学校を休むようになる。両親が朝仕事に出かけると、一人テレビをつけてぼうっと見ていたり、ゲームをしたりしてすごした。家にいれば安心できたので、休むと気持は楽になった半面、学校に行くのが余計怖くなった。

「休んだことで、先生やいじめっ子からそこを責められたらどうしよう、と思って怖くなる」

不登校になってもおかしくない状況だったが、学校を休むのは一日だけで、連続して休むことは決してしなかった。

「兄がいるんで、自分が長く休むことで何か言われたら困る。兄には迷惑をかけたくなかった」

本当は学校に行きたくなかったが、兄が何か不利益を被るのではないかと心配したのだ。

「兄がいたから学校は続けられたようなものだった」

成績アップに担任が個別指導

中学校に進むと、島田はとにかくクラスの中で目立たないようにと、祈るような気持ちで登校した。小学校時代に、理由はなんであろうと目立てばいじめの標的にされてしまうことを、身をもって経験をしていたからだ。だが学校生活の環境は、そう大きく変わることはなかった。

「同じ小学校のグループがそのまま上がって、一緒にいるんで変わらないです」

ただ、部活で入った放送部には楽しい思い出があった。学校にパソコンが一台だけあり、放送部に入るとそれを使えると聞いて入部した。

「小学生のときにパソコンを見て、すごいと思って感動したので、これを使えるならと入った。パソコンを組み立てたり、プログラムを工夫したり、工作じゃないけどやりました。パソコンにさわっているときは楽しかった。でも放送室に入るとやっていることは、本来の部活とは関係がなかったので、後ろめたい気持ちでいっぱいでしたね」

高校受験を控えた三年生の春、島田は生涯忘れられない人となる教師と出会った。担任となったベテランの男性教師だった。五月ごろ、この担任と進路指導の面談があった。成績は低迷したままで、学年で下から数えて二、三番目だった。そこで担任は島田にこう言った。

「いまの成績では行ける高校がほとんどない。行けるとしたらこの高校があるが、ガラが悪い学校なので、おまえの性格には絶対合わない」

これでは事実上、行ける高校はないことになる。そこから担任のとった行動は、それまでの教師の対応からは、想像もできないものだった。

「勉強をみてやるからと言われて、毎日放課後に教えてもらった」

担任は島田の成績を上げようと、島田専用の宿題を手作りしてやらせ、放課後、その答えを職員室で教える個別指導を始めた。小学校一年生から中学二年生まで、授業が分からないまま、学校から置き去りにされてきた島田にとって、初めて自分と向き合い、寄り添ってくれる教師に出会えた。

専用の宿題は受験に必要な五教科。

「先生は部活とかもやっているから忙しい。時間は三十分ぐらいがやっと。だから問題はせいぜい一、二問しかなかった」

採点で答えが間違っていると、放ったらかしにはせずに、なぜ間違ったのかを分かるように教えてくれた。さらに、理解できたのか確認するため、類似の問題を出してくれた。

「宿題一回分の問題数は少なくても、分かるまで一つ一つ丁寧に教えてくれるので、それが積み重なっていくと、だんだんと勉強のやり方が分かるようになった」

家では宿題を開くこともしていなかったが、勉強のやり方が分かりだすと、親に言われなくても机に向かった。

「学校で先生がクラスのみんなに勉強時間を聞いたことがあって、平均時間が分かったので、それを抜くことを目標にしてやっていた」

成績が目に見えて上がってきたのは、個別指導を始めて約半年後の秋だった。

「下から二、三番だった成績は、学年で約四百人中、百三十番ぐらいまで上がった」

島田はそれまで、勉強ができないのは能力がないからと自分の責任だと思っていたが、それが間違いだったことを知った。

「それまで成績が悪かったのは、やり方が分からなかったから。中三のときの先生のように、やり方が分かるように丁寧に教えてくれていたら、授業にも付いていけたと思う」

勉強が楽しくなり、成績もアップした。途中でやめることなく個別指導を受け続けた原動力は、担任による見守りの「安心感」があったからだ、と島田は言う。それまで島田は、学校から〝お荷物〟として切り捨てられ、見向きもされてこなかった。三年生の担任についても最初は、成績の悪い島田を歯牙にも掛けていないと思っていた。

「それが自分のために専用の宿題を出してくれ、丁寧に教えてくれた。先生はクラスの他の生徒と同じように、自分を見てくれているという安心感が強かった。その安心感がなかったら、専用の宿題を出されても多分、学校の宿題と同じでやらなかったと思う」

高校は「農業高校の畜産科に入って、そこから獣医を目指したらどうだ」という担任の勧めがあって、公立の農業高校を受験した。獣医は島田の小さいころからの夢だった。

「子どものときから獣医になりたいというのがあった。中学時代は、家で犬と猫を飼ってましたけど、部活がないときは何もすることがないんで、一緒に遊んでました。動物は好きで、人とあまりコミュニケーションが取れていなかったので、受験は農業高校のほうで良かった。動物にさわっていると落ち着いたんで」

学校代表から逃げ出したい

島田は一九八九年四月、希望した農業高校に入学した。中学三年生のとき、担任から受けた個別指導で勉強のやり方が分かったので、高校に入ってからも勉強はまったく苦にならなかった。おかげで成績はクラスでトップに躍り出た。

「自分には勉強しか能力がないというのがあったから、続けてやっていた」

島田が初めて得た「勉強のできる優等生」という役柄は、自己肯定感を維持する強い「武器」となり、クラスの中で、自分の居場所を手にすることができた。その一方で、優等生となったことで、思わぬ事態を招くことになった。二年生になると、学校の代表として、あちこちの大会に引っ張り出されることになった。

「何かの大会に出されるんです。論文大会とか農業大会とか。それをすると目立ってしまうんですよね」

島田は、小学校時代に担任から宿題を忘れたことでよく怒られ、クラスで目立つ存在になってしまったため、いじめの標的になったつらい体験があった。この体験がトラウマとなって、とにかく学校集団の中で、自分が目立たないようにと、人間関係に細心の注意を払いながら生活していた。高校に入っても、一人孤立するとクラスで目立ち、またいじめの標的にされかねないと心配して、特定のグループには属さず、同級生と一定の距離を保っていた。

「注目されたくないから、クラスにいくつかあるグループに入っては抜け、入っては抜けして、転々としていた」

部活はやらず、学校が終わると寄り道せず家に帰って、テレビのアイドル番組を見たり、たまに料理を作ったりしてすごした。友だちとも遊ばず、家で一人すごすのは苦にならなかった。

そんな配慮をして、目立たないように行動していた島田にとって、学校を代表して大会に出ることは、大きなジレンマだった。優等生としていろいろな大会に引き出されると、クラスの目立つ存在になってしまう。かといって、大会に出たくないからと、せっかく手にした優等生という役柄をやめるわけにもいかなかった。

「先生たちは、よかれと思ってやっている。コミュニケーションがうまく取れないから、外に出してあげよう、他の世界を見せてあげよう、本人のためだ。そんな気持ちがあったかもしれない。でも、それがすごく怖かった」

学校の代表として大会に出たとしても、目立ちたくない、失敗したらどうしよう、変な目で見られないか、と出る前から弱気になり、腰が引けてしまった。不安が先立ち、頑張ろうという気にはなれず、大会前に準備をしても何も頭に入らなかった。

「代表になるとプレッシャーがかかるじゃないですか、プレッシャーにすごい弱い。それは自分でも分かっていたので、代表にしてほしくなかった。案の定、大会に出てもプレッシャーに負けて頭が真っ白になり、体が震えて、悪い成績になってしまう」

中学三年の担任との出会いで、勉強が楽しくなり、成績は上がったものの、それが周囲の目を気にせず生きていく自信にはつながっていなかった。

「成績が上がったことと、それが生きる自信に反映されるかは、まったく別物。自分に自信がないことがベースのままで、それは高校時代も変わらなかった。目立たないことがすべてに優先した」

獣医を目指していた島田は、三年生に進級すると、大学受験をする生徒のために設置された進学コースを選んだ。

「進学コースでは点数は思うように取れなかったが、成績は一番をキープしていた」

一般の大学入試に先立ち、十一月にあった学校推薦の入学試験で、島田は私立大学の獣医学部を受験したが、不合格だった。年明けに本番を迎える一般入試に再挑戦しても、合格する自信はなかった。

「自分の実力が、合格のレベルに達してないというのがはっきり分かった」

結局、一般入試は受験せずに獣医学部への進学はあきらめた。

「獣医になることしか考えていなかったので、これからどうしたらええんかな、とぼうっとしていた」

それまでは皆勤賞で一日も学校を休まずにいたのに、受験に失敗してからは、緊張の糸が切れたように、休みがちになった。同級生はとっくに就職活動を終えて、企業から内定をもらっていた。まだ間に合う短大を受験しようか考え始めていたところに、担任が就職試験の話を持ってきた。国立大学の職員募集が急きょあったので「受けてみないか」と言う。

「大学の職員をやりながらなら、また受験勉強ができるかもしれないと、受けに行ったんです」

結果は面接で落ちた。大学受験に続く失敗。この不合格のダブルパンチに、島田はさすがにもう何もやる気が起きなかった。

「自分は何をしたいのか分からなくなってしまって、生きる方向性が見えなくなった。性格が内気なんで自分で仕事を見つけてくる勇気はない。どこにも行けるところがないな、と途方にくれていたときに、先生がまた話を持ってきてくれたんです」

話とは、製薬会社の技術職員の募集だった。高校の卒業式はもう間近に迫っていた。

「普段なら募集は締め切っているはずなのに、多分、先生たちが無理を言って、頼んでくれたんでしょうね」

一般教養の試験と面接の試験を受けたのは、二月にあった卒業式の前日で、採用の通知は卒業して間もなくきた。

「だいたいでええねん」

一九九二年四月、高校を卒業した島田は大阪にある製薬会社に入社した。配属先は研究所の動物飼育係だった。獣医を目指すほど動物は好きだったので、仕事に特に不満はなかった。

「動物実験で使うマウスや犬、猫、ウサギとかを飼育していた。言われたことを淡々とやっている感じだった」

社会人になっても周囲の目を気にする生活は、高校時代と変わらなかった。会社が終わると、同僚や上司と付き合いもせず、その足で自宅に帰った。課内で仲間内の飲み会の誘いがあっても断った。

「課や研究所全体の大きな飲み会は、出席しないとまずいかなと思って顔を出していた」

だがテーブルの上のグラスは伏せて置き、「飲みません」と、コミュニケーションは取らない意思表示をした。

「いじめを受けた小学校時代の体験から、誰に対しても、自分を見られたくない、注目されたくない、と常に壁を作るようになっていた」

自分一人の世界にひきこもって、誰ともコミュニケーションを取ろうとしない島田に、さすがに両親も不安を覚えたのだろう、入社二年目に同世代の従兄に電話をして、島田を外に連れ出してくれるように頼んだ。従兄はちょうど、知り合いが所有する喫茶店の内装工事を頼まれていたので、そこに島田を誘った。

内装工事の手伝いに行くと、従兄の友だちで二十代後半の若者が五人ほど集まっていた。「好きなようにやっていい」と、どんな内装にするかは自由だったが、参加者はみんなボランティアで、週末や休みを利用して内装工事を手伝った。初めて会う年長の若者グループの前で、島田は声をかける勇気もなく、どう接したらいいのか分からずにいた。工事が始まると、いろいろな人が出入りしたが、みんな島田に声をかけてくれた。

「最初は壁を作って黙っていたけど、みんながあきらめず声をかけ続けてくれたので、すごい安心感があった。びくびくしていた自分を、まるごと受け止めてくれる人たちかな、と感じたんです」

島田が少しずつ心を開いて会話ができるようになると、手伝いの仲間が工事を離れて遊びにも誘ってくれるようになった。

「どっか遊びに行こか、とちょくちょく連れて行ってもらった」

陶器の窯元に見学に行って、抹茶を飲んで陶芸の体験をしたり、島田が動物好きだったので乗馬クラブに出かけたり、ワインの試飲会に行ったりと、島田一人ではできなかった体験ばかりだった。仲間との付き合いが深まっていくと、自然と周りとの壁も必要なくなり、会話も苦にならなくなった。

女性との関係にも大きな変化があった。小学校時代に受けたいじめの後遺症で、女性といると極度に緊張してしまい何も話せなかったが、グループにいた女性と一緒に働いたり、遊んだりしているうちに、緊張は薄らいだという。

「年上というのもあって女性が気を使ってくれて、ちょこちょこ声をかけてくれたので、だんだん会話ができるようになった。普通の会話でさえも怖くてできなかったのが、声をかけてくれたおかげで、女性と話しても気分が楽で、性格も明るくなっていった」

最初は嫌々手伝いにきた内装の工事は、床を張ったり、壁を塗ったり、椅子やテーブルを作ったり、水道と電気の工事以外は何でもやったが、達成感があって面白くなった。

「それまでは自分一人で行動していたのが、年齢に関係なく対等な立場で、みんなで内装をああしよう、こうしようと話しながら作っていった。だんだんと目に見えて内装が仕上がってくると、その達成感に気持ちが高ぶった」

内装工事の現場で、合言葉のように交わされていたのが「だいたいでええねん」という言葉だった。みんな、失敗やミスを気にせず、完璧でなくても自分の判断でやりたいように作業を楽しんでいた。

「作業を楽しむのが一番で、何をやってもOKというおおらかな空気を出してくれていたので、すごく楽しかった。現場にまた来ようという気になった」

仲間と一体となって、コミュニケーションを取りながら一つのものを作り上げていく楽しさを知ってから、島田は毎週末、内装の手伝いに行くのを待ち焦がれた。

「だいたいでええねん」と声をかけ合い、趣味のように内装工事を楽しむ仲間の姿は、自分への視線を避けるため、周りに壁を作り、自分一人の世界にひきこもろうとした島田の生き方とは、対照的だった。

「だいたいでええねん、という生き方を知って、自分の心を縛っていたルールや規範から解放された気がした」

内装工事が終わるのに約四カ月近くかかった。仲間と週末や休日に工事や遊びで一緒にすごす中でコミュニケーションの楽しさを知ったことは、会社での人間関係にも反映されて、変化を生んでいった。

研究職に昇進、高卒はただ一人

内装工事の手伝いで、コミュニケーションが取れるようになったので、まずは誘われても断っていた社内の飲み会に出るようになった。

「一人だけ誘い続けてくれた人がいたんで、それに乗っかる格好で出かけて行った。自分から積極的に話をすることはあまりなかったけど、話を振られると会話の中に入っていけた」

飲み会をきっかけに社内の人間関係も広がり、キャンプに参加したり、社内マラソンの応援に出かけたりした。海に潜るスキューバダイビングが趣味になり、友だちとスキューバダイビング部を会社につくると、副部長になって、美しい沖縄の海で海中散策を楽しんだ。

私生活では、ちょっぴり冒険をした。二十歳の誕生日に、耳に穴をあけてピアスをしてみた。人と違うことがしてみたかったという、高校のときからの願望だった。校則違反で目立つのが分かり切っていたので、胸の内に封印していた。

「内装工事の仲間の生き方をみて、自分の心がルールや規範意識の縛りから解放されていたので、いまならできると思って踏み出せた」

成人式からしばらくしてあった、小学校の同窓会にも顔を出した。いじめをはじめ、嫌な思い出ばかりの学校生活だったが、自分で出席を決めた。

「普通に会話ができるようになって、前を向けるようになったので、みんなと同じ人生のラインに立てたという安心感があった。それまでは、自分は常に劣っていると思い込んでいたので、顔を出す気もしなかった」

いじめっ子だった同級生とも話をしたが、島田をいじめていたことはすっかり忘れていた。会社の担当業務であった動物飼育でも、仕事に取り組む意欲が出てきた。それまでは、言われたことをやるだけで、職場では壁を作って、上司や同僚とのコミュニケーションを極力避けていた。

「職場では、はい、いいえ、無理です、の三つぐらいの言葉しか言わなかった。職場で会話ができなかった」

それが動物飼育の仕事でも、目標を立てて、積極的に取り組もうと前向きな姿勢になった。

「目標は、動物実験の技術の向上だった。いかに早く動物にストレスをかけずに実験を済ますか。技術が上達すれば、その分、動物の負担も減る」

数年の間は、動物実験に高い技術を持つ研究職の先輩を追い抜こうと、技術の改善に没頭した。

目標が定まり仕事も順調にいくかにみえたが、そのうち、島田の仕事の姿勢が上司の方針と合わなくなっていった。

「動物実験の技術はどこまで広げるのか、上司は限定的に、自分はできるだけ広げて奥に踏み込もうとして、意見がかみ合わなかった」

方針の違いから上司との関係がうまく行かなくなったとき、人事異動の打診があった。技術職から研究職への異動だった。島田はそれを受けた。

「飼育係から抜けたかったし、研究職でやってみたいことがあった。頑張ればやっていけるという自信もあった」

新しい職場は、大学か大学院の卒業者ばかりで、高卒は島田ただ一人だった。研究職としての仕事は、薬を販売するには国の承認がないとだめで、その申請に必要な実験のデータを集めることだった。大卒や院卒の研究職の中で頑張る自信はあったが、すぐに壁に突き当たる。

「仕事はゼロからの積み上げで、早く覚えないといけないのに、覚えることが多すぎて追いつかない」

ミスや失敗があったわけではなかったが、自分の仕事の成果に満足できなかった。

「普通に成果は出ていても、自分では仕事にまったく納得ができない状況で、もっといい方法があるんやろうとかいろいろ考えて、もっと勉強せなあかんと、自分を追い込んでいった」

仕事がうまくいかず悩むようになると、大卒と院卒ばかりの高学歴の職場で、高卒の自分は見下されている、と疑心暗鬼になった。

「高卒だからと言われたわけではないのに、コンプレックスを感じてしまい、人の目が気になる。それを振り払おうと、どんどん仕事を増やして、考える時間をなくして、忘れ去ろうとした」

だが仕事を増やせば増やすほど、勤務時間内では終わらず、足りない分を早朝出勤、深夜勤務で埋める悪循環になった。

「最初は普通どうり八時間勤務でしたけど、労働時間はどんどん延びて、会社はブラック企業じゃないのに、始発電車で来て終電で帰る生活になってしまった。朝七時半に会社に着いて、夜の十一時半に会社を出た」

これでも時間がまだ足りず、一時期はもっと遅くまで会社で仕事をしようと、自宅からマイカー通勤したこともあった。

「当時は駐車場代がいまのコインパーキングみたいに安くなかったので、一日の残業代がごっそり駐車場代に消えてしまう。これじゃ無理だと思ってやめましたけど」

どこまでやっても際限のない仕事。内装工事では、仲間とわいわい意見を出し合いながら仕事を仕上げていったが、研究職は一人きりの孤独な戦いだった。周りは自分を見下していると思い込んでいるので、誰にも相談を出来ず、再び壁を作って心の扉を閉ざした。自分が目標にしていた先輩には、自信を失くした心の内を見透かされているようで、顔を合わせるのがつらかった。

「自分で何とかせんとあかんと思っても、頑張れば頑張るほど、自分ができないことに気づいてしまう。自分がいなくても代わりはいる、高卒なんだからすぐ切られるだろうなという怖さもあった」

人の目ばかりが気になって、精神的に追い込まれていくと、職場に自分の存在価値を見いだせなくなり、死を意識するようになった。

「死の願望を打ち消そうと、また仕事をどんどん入れて、さらに自分を追い詰める。それから逃れたくて、高いビルに行って死のうとしたり、そういう時期だった」

「だいたいでええねん」を合言葉におおらかな空気の中で内装工事を楽しんだ仲間を頼ることもしなかった。

「仕事ができない自分を見られたくなかった。弱い自分を見られたくなかった。それで、だんだんと付き合いが遠のいていった」

転職を考えハローワークをのぞいたが、島田が希望した研究職での求人はなかった。

「高卒で研究職で雇ってくれるところは一切ないんです。そうなると自分には売れるものが何もない、武器がないという思いがすごくあって怖かった」

職場では孤立無援となって、上司との関係もぎくしゃくしていたことから、島田は二〇〇一年秋、衝動的に会社をやめてしまう。入社十年目のことだ。

「気持ちが荒れていて、結構上司にきついことを言ってたみたいだった」

退社にはもう一つ理由があった。当時職場に好意を持った女性がいた。だが仕事では、この女性と肩を並べることができなかった。

「その人が完璧主義者で、どうしても仕事で横に並べない。会社をやめて違う分野で成功したら、そのときは自分の思いを伝えられるかな、と思った。それも退社を考えた理由としてあった」

海外での再挑戦にも失敗

島田は職場に自分の存在価値を見いだせず、会社を去った。仕事がうまくいかず職場で孤立して死を考えたが、死ぬくらいなら土俵を変えてもう一度自分を試してみたいと思った。島田の頭にあった再挑戦の場所は海外だった。

「研究職の仕事を探していたんですけど、日本にはまったくなかった。日本て、実力社会じゃなく学歴社会じゃないですか。海外なら実力社会のところもある。そこを目指して、最初は研究職に就けなくても、その周辺のつながっている仕事に就けたら、うまくいけば研究職もいけるんじゃないかな、という甘い思いがあった」

だが海外で働くといっても、特別なルートを島田が持っていたわけではなかった。思いついたのが、インターンシップ制度を利用して、海外の企業で短期間の職場体験をすることだった。島田は会社をやめて約半年後、インターネットで海外でのインターンシップ制度を活用できる専門学校を見つけ、入学することにした。そこで選んだのが動物の専門学校だった。

「薬と動物は違うんですけど、自分の好きなもんてなんやろと思ったら、動物の飼育をやっていたでしょ、研究職がやれたとなると、動物を使った研究職になるんで、動物関係の専門学校に行こうかなと思った。学科は会社でスキューバダイビングをやっていたので、そのつながりで海洋生物のコースを選んだ」

海外で働くことに的を絞っていたので、専門学校に入学すると同時に、外国人講師が教える英会話学校にも通い始めた。

「海外で働こうと決めていたので、最初から専門学校と英会話を両方進めながらやっていた。絶対に仕事を取らないといけないというのが、あったんです」

海外でのインターンシップを目指して、専門学校と英会話学校のダブルスクールを続けていたが、一年目の夏、島田の体調に異変が起きる。のどが渇き、体重がどんどん減っていた。

「甘いジュースを一日に十リットルぐらい飲んでいた。飲んでも飲んでものどが渇くし、トイレも近くなる。げっそりやせました。食べるときは爆食ですが食べてはいた。それでも八十キロあった体重は五十三キロまで下がった」

こうした変化に、自分では自覚症状がなかった。

「言われて飲みすぎているなと、甘いものを取りすぎているな、というのはありました。でも、ああ、ダイエットできるやん、と気にしていなかった」

体の異変はさらに続き、頭痛も起きるようになった。

「激しい頭痛で、一日中のたうち回ったりとかしてました」

専門学校の授業で、スキューバダイビングに出かけたときも、頭痛が起きた。

「民宿に着いてずっと頭が痛かったから、のたうち回りながら潜ることもできずに、帰ってきましたけど」

さすがに島田も自分の身体に起きている異変に気づいたが、医療機関に行くこともせずに、そのまま放っておいた。

「死にたかったから。会社をやめるとき、自分にはスキルも資格も何もない、自分は売るものが何もない、というのがすごいあった」

海外で働くことを目標に専門学校に入ったが、会社員時代に芽生えた、この「死にたい」という気持ちを、潜在的に引きずっていた。「死ぬならもう一度自分を試そう」と専門学校に行ったが、死にたい気持ちが吹っ切れていたわけではなかった。体調が目に見える形で悪化すると、死への願望が強くなった。

「もういいわ、成行きにまかせよう」

島田は何も治療せずに運命に身をゆだねた。

「自分で死へのカウントダウンをしてました。あと何カ月、あと何週間、あと何日と」

島田を救ったのは家族だった。げっそりとやせた島田を見て、無理やり病院に連れて行った。検査の結果、すい臓からインスリンがうまく出なくなり血糖値が高くなる糖尿病と分かった。二週間入院して食事の改善やインスリンの自己注射の指導を受けた。病院のベッドで島田の頭を相反する二つの思いが駆け抜けていった。

「入院する前は死を受け入れ、カウントダウンをしてたのに、その機会を逃してしまったなという思いと、続いて、これで踏ん切りがついて、もう一度再出発できるかなという思いが浮かんだ」

島田に待望のインターンシップの機会がめぐってきたのは、専門学校に入学して二年目の夏だった。病気のことは不安もあったが、海外で仕事を見つけることを優先した。

「体のことはどうでもいい、置いておこうと。とりあえず会社が内定して仕事に行けたら、そっからちゃんと治療をしたらいいんや、とまずは内定を取ることが先だった」

島田はインターンシップを前にして、オーストラリアの大学施設を使った短期の語学研修に参加した。

「そこで体験先の会社を見つけてくれた。日本にいるときは、まだ体験先までは見つけてもらえないでいた」

体験先は、クジラを間近で見る、ホエールウォッチングのツアーガイドの現地企業だった。島田は当初、最終的に研究者を目指すなら、海洋研究の研究所で働けないかと考えていた。専門学校に行っている間に、そこまでは望めないというのが分かった。そこで方針転換をした。

「研究所とつながりのあるところに、インターンシップで行ければいいと思った。それがたまたまホエールウォッチングのツアーガイドの会社だった。ホエールウォッチングのツアーガイドなら、研究者も一緒に連れて行ったりするんで、そこでつながりができれば、いずれチャンスは生まれるかもしれないんで」

オーストラリアでの現地企業の職場体験は約一カ月だった。ホエールウォッチングのツアー客に英語で説明をしたり、日本人の観光客がいれば島田が案内した。職場体験はトラブルもなく終わり、現地企業からは待望の採用の内定ももらった。あとは就労ビザが下りれば、計画していた通りガイドとして働けるはずだった。島田は日本に戻ってビザの発給を待っていた。ところが、卒業間際、どうしたわけか就労ビザは発給されないことが分かった。

「ビザのことは学校にやってもらっていたので、どんなやり取りがあったのかは、全然知らない」

現地企業の内定は取り消しになり、再挑戦のはずだった海外で働く夢も幻に終わった。製薬会社の時代にためた金や退職金は数百万円あったが、専門学校や英会話の授業料、オーストラリアへの渡航費用などに消えた。

「あり金を全部はたいてやったんですけど」

島田は失意のうちに、携帯電話に登録してあった連絡先はすべて抹消した。

「内装工事の仲間もそうだし、会社の同僚も、専門学校のほうも、全部切るんです」

自分の部屋でネットゲーム漬け

島田は二〇〇四年三月、動物の専門学校は卒業したものの、海外でのインターンシップに代わる次の目標を見つける気にもならず、実家で自分の部屋にひきこもることが多くなった。それでも最初のころは、何もせずにぶらぶらしていると気づまりなので、建築関係の仕事をしていた父親を手伝うため、現場に一緒に出掛けて行くこともあった。そこで運悪く脚立から落ちてしまった。糖尿病の治療で起きる低血糖症とみられ、急激に血糖値が下がり、一瞬記憶がなくなり落ちた。

「現場には他の人も来るので、自分がどう思われるかというのがあって、話もしたくなかった。低血糖症を理由に、動かないほうがいい、とそれ以後は手伝いもやめてしまった」

家の外に出ることもなくなり、本格的にひきこもりが始まった。島田は三十歳が目前だった。

二階の自室にいると、また「死にたい」という気持ちが頭をもたげてきた。死ぬ前にもう一度自分を試してみようと、海外のインターンシップに挑戦してみたが、だめになってしまい、潜在的に抱えていた死の願望が、再び頭を占めるようになった。将来の進路を考えるのも怖かった。その恐怖を払拭しようと逃げ込んだのが、パソコンを使ったネットゲームの世界だった。

「何もしていないと、死にたい願望が出てくるんで、それを打ち消すために毎日やってました」

朝、共働きの両親が仕事に出かけると、パソコンの前に座った。最初は一人で武器を使って敵を倒すロールプレイングをやって遊んでいたが、そのうち、より強い相手を仲間と協力して倒そうと、グループに入ってプレイを楽しむようになった。

同時に複数のプレイヤーが参加できるネットゲームは、ネット上におびただしい数があって、どのゲームをやるか、選択には困らなかった。ただ日中、一つのゲームで長時間プレイしていると、参加者からニートやひきこもりとみられるのが嫌で、警戒した。

「一日中やっているんで、ニートと思われないように、いろいろなゲームを転々としてプレイするんです。時間を決めてゲームを変えてました。ゲームで使うハンドルネームやキャラクターも、ゲームごとに使い分けてやってました」

それでも、参加者がメッセージをやり取りできるチャットの機能を使って島田のプライバシーに触れようとすると、すぐにそのゲームから抜けた。

「いま、どんな仕事をしてるのとか、一回会わへんとか、自分のプライベートな領域に入ってきそうになったら、ゲームを切った」

トイレと食事以外は部屋にひきこもってゲームをやっていたが、親の気配には敏感だった。親の部屋も同じ二階にあったので、階段を上ってくる足音が聞こえると、ゲームを見つからないように、パソコンの電源を切って、しばらくは本を読むとか、何か別のことをやっているふりをした。

「親もゲームをしているのに気づいていただろうけど、一日中とは多分知らなかったと思う。ゲーム漬けの姿を見られたくなかった」

かといって、ゲームをやめると、ひきこもった自分を否定する感情が噴き出すのが怖くて、ゲーム漬けの生活から抜け出ようとは思わなかった。食事は一階に降りて食べた。

「自分は台所で一人食べましたし、父親のほうは自分の部屋で食べて、母親は空いたほうで食べている。食べる時間はほとんど一緒だけど、みんな顔を合わせない。自分が大人になってから、そういうスタイルになった感じかな」

糖尿病を患っていた島田は、食事は正常な血糖値を保つためにも大切だったので食べた。それでも突然、低血糖症に見舞われて、血糖値を思うようにコントロールができないことがあった。

「血糖値が下がると、震えや発汗とかいろいろな症状が出てきた」

症状がひどいときには、父親の手伝いで脚立から落ちたときのように、意識が低下してもうろうとした。

「昏睡までいかないですけど、一時的に記憶がなくなってしまう」

母親が島田に声をかけても返事がないので、二階の部屋をのぞくと、意識がもうろうとしていたことが何度か起きた。

「親が何かしら食べさせてくれると、血糖値が上がって、だんだんと元に戻ってくる」

自分の部屋の冷蔵庫に、いざというときのために血糖値を上げるお菓子をいつも用意しておいた。

「冷蔵庫はベッドから一メートルくらいの距離にある。急激に血糖値が下がると、そこに行くのに記憶が一瞬かき消されるので、なかなか動けない。三十分ぐらいかかったりする。前もって分かれば対処もできるんですが、なかなかコントロールが難しい」

島田が部屋にひきこもった初めのころ、両親から将来はどうするのか聞かれたこともあったが、低血糖症によるひどい症状を何度か経験すると、何も言わなくなった。

「最初のころは、仕事をせいと言っていたけれど、外に出ないことに対して、あまり言わなくなった。糖尿病があるんで、外に出るほうが家にいるより心配だったんだと思う」

日常のルーティングの仕事をこなすように、島田は朝、両親が出かけると、パソコンの電源を入れ、ネットゲームの世界に入って行く。ネットゲームを心から楽しいと思ってプレイしているわけではなく、手っとり早く自分と向き合わずに現実から逃避できる手段だから続けた。ゲーム以外にすることもなく、出口の見えない閉塞感に、息がつまりそうだった。

「考えるのをストップしたんです。それをするためにゲームに走った。そうなったら時間が止まったような感じになってしまった」

ひきこもり生活が長引くうちに、島田は「自分の存在を消してしまいたい」と思うようになる。

「家の中に自分がいることを隠したかったんです。自分はもういないものとして見てほしかった」

自分の存在を知らせる音に対しては、過剰に反応して気を使った。

「自分が動く音さえ、外に漏れていないか気になった」

異常な音へのこだわりが具体的な行動に表れたのは、トイレの水だった。家に昼間一人でいるときにトイレを使った後、水を流さないでいた。理由は水流の音だった。

「せっかく自分の存在を消そうとしているのに、大音量とともにトイレの水が流れていくのが、すごく嫌だったんです」

トイレの大音量は、自分の存在を隠そうにも、否応なく自分が家にいてトイレを使った事実を突きつけた。そこで、両親が仕事を終えて帰宅したのを確認すると、自分の手で流した。

「親が帰ってくると、家に人がいるわけじゃないですか。だから流せるんです。自分じゃなくて、親がトイレを使って流したと考えるんです」

親がトイレの水を流したことにすれば、昼間は誰も使わなかったことになり、自分の存在も消せるというのだ。もう一つこだわったのは、母親から「〇〇ちゃん」と、その存在を象徴する、名前を呼ばれることだった。

「自分の存在を消したいのに、食事ができたとき大声で名前を呼ばれる。この年になっても、名前で呼ばれる。ただ用意ができたと言えばいいのに、平気で自分の名前を呼ぶので、やめてほしくてけんかが絶えなかった」

いつ事件が起きても不思議じゃない

島田がひきこもって十年以上がすぎたころ、家の中で小さな事件が起きた。

「大人になってから初めて、親に対して暴力というか、頭突きをしてしまったんですよ」

島田は相変わらず毎日ネットゲームの世界に浸り切って、ゲーム以外のことは何も考えず、思考を停止していた。そこを低血糖症に見舞われた。意識がもうろうとしているところを、親が見つけて面倒をみてくれた。いつもならそれで終わったが、その日は違った。

「記憶がはっきりしない状態のときに両親があぁや、こうやというから、あまりにもうるさすぎて、もう我慢ができずに、ばーっとやってしまった」

それからは、また親に暴力を振るうのでは、という不安が付きまとった。

「暴力が出たらいややな、というのがあったので、どこかで家を出ないと、という思いもあった」

このときに生まれた「家を出ないと」という危機感にも似た感情が現実味を帯びてきたのは、親への暴力があってしばらくしてからだ。島田は、生活を依存していた親が老いていくのを直視するのは避けていた。

「ちょうど、親の高齢化が気になり始めていたんですね。体がしんどい、しんどい、と言うのが聞こえてきたし、お金がないとも聞いていたし。でも親の高齢化を認めるのが怖かった」

両親はもうすぐ七十代に手が届き、島田も四十歳を超え、中高年の仲間入りをしていた。いつの間にか、テレビで伝えられる家庭内の殺人事件のニュースに、関心を持つようになった。ニュースが気になると、ネットでさらに詳しく調べた。中高年のひきこもりの子どもと、高齢の親が一緒に暮らす家庭で起きた惨劇の報道を見ていると、だんだん事件が自分と重なってきた。いつ自分に起きても不思議じゃない、との思いにとらわれることもあった。

「常に自分の感情を押し殺していたんで、いつ自分がどうなるか分からない、そんな怖い部分を抱え込んでいた」

親に対する認識も変わってきた。「親に養ってもらっている」と経済的な依存関係にあると思っていたが、それが親による子どもの支配だというように見方が変化した。

「自分はひきこもっているだけだから何の権限もないし、親に言われるままやなと思った。自分は支配されている、自分の命は親のものかな、と考えるようになった」

いつ自分が事件の当事者になっても不思議ではないという不安に、親を支配者とみなす認識の変化。こうした現実に島田は、そのまま親と一緒に暮らし続けていく危うさを、痛切に感じ取っていた。

「ここから抜け出さないと、大変なことになる」

この危機感が、島田が家を出る背中を押した。とりあえず経済的に自立しないといけないと思い、さんざん迷った挙げ句、一人でハローワークに就労の相談に出かけた。

「付き添いを頼めるような人は誰もいなかったから、一人で行くしかなかった」

コンピュータを使って、研究職の求人を探したがなかった。事務職も当たったが、四十歳を超えた島田にマッチするものはなかった。

「面接相談は、ひきこもっていて人とは話をしてなかったんで、話すのが怖かった。それに履歴書を見せると、ひきこもっていたので空白期間がある。その理由をどうしても聞かれるだろうと思うと怖くて、コンピュータだけやって帰った」

ハローワークでの職探しがうまくいかず、精神的に落ち込んで、しばらくの間はひきこもり生活に戻った。親と一緒に暮らすことの怖さが頭から離れず、島田を悩まし続けた。何カ月かがすぎ、ゲーム漬けの生活に逃げても、何か問題が解決するわけもなかった。島田は再び意を決して行動を起こした。

若者は三十九歳までと定義

二〇一七年の年明け、今度は市役所に支援を求めることにした。

「ハローワークの経験で、一人で立ち上がろうとしても無理だというのが分かったので、誰かに頼らないといけない。そこで市役所に、ひきこもり支援の相談窓口がないか、と思って訪ねた」

事前にインターネットで調べて、市民相談の窓口を訪ねた。

「社会に普通に出られないので、行政に何とか助けてくれるところはないんですか、と聞いた」

このときに島田は初めて、自分がひきこもりだと認めた。

「市の窓口で説明するのに、ひきこもりだと認めないと、話が通じない、窓口にも行けないだろうと思った」

それまでは、家から外に出ない理由は、低血糖症で突然、意識が低下して倒れる心配があったからだ、と自分に言い聞かせていた。

「ひきこもりと違ってほしい、というんじゃなく、認めたくない気持ちが強かった」

ネットのゲームでも遊ぶが、ひきこもりの当事者とやり取りすることは、考えなかった。

「ネットでつながりたい気持ちは起きなかった。ネットを見ている当事者だったら、ひきこもりという言葉は嫌いだろうし」

市民相談の窓口では、生活困窮者や障害者の相談窓口はあるが、ひきこもりの窓口はないと言われた。そこで県の担当部署の連絡先を教えられた。

「一応電話してみたけれど、相談は予約が必要で、しかも、場所が自宅から遠く離れていた」

島田は親に「相談に行く交通費が欲しい」と切り出せなかった。

「自分自身がひきこもりだと、親にはまだ言えてなかったので、お金をもらう理由を説明できなかった」

地元に近い県の出先機関を教えてもらったが、ひきこもり支援の窓口はないと言われた。そこで行き詰るかに思えたが「行政が頼りにならないなら」と、ひきこもりの当事者を支援するＮＰＯを探してみた。

「ネットで調べてみると、若者のひきこもりや不登校の人を対象にしたと思えるところはあった。でも自分は若者でも不登校でもないし、違うなと思って」

このとき、ＮＰＯと並行して調べていたのが、地域若者サポートステーションだった。通称サポステは、厚生労働省がひきこもりやニートの若者の就労支援を目的に、ＮＰＯ法人や株式会社などに委託した事業だった。

ネットで見つけたサポステに連絡を取ると、若者を対象にしたこの事業は、無料で利用ができるが、年齢制限があって、原則十五歳から三十九歳と決められていた。四十二歳の島田は、就労に向けた相談・面接から企業体験、適職診断、就職情報の提供といった一連の支援事業の対象にはならない、と言われた。この中には、臨床心理士の相談もあり、島田は一度専門家に、自分が抱えている問題を話して相談してみたかったが、対象外だった。

「目の前に専門家がいるのに相談できない。苦しかったですね」

しかたなくサポステが提供する、ジョブトレーニングのプログラムに参加した。

「とにかく、自分はひきこもりから抜け出たかった。だから、まず外に出ることだと思ったんです」

ジョブトレーニングの仕事は、ポスティングやイベントの準備などだった。

「コミュニケーションを何とかしたかったので、参加者と会話をしながら仕事をすれば、コミュニケーションの力も身につくだろうと思った。でも作業に集中してほとんど会話がない。身に付かなかったですね」

島田が続けてほしいと思っていたコミュニケーションの講座も終了することになり、約一カ月でサポステをやめた。厚労省はサポステを、若者の就労支援の主要な相談機関と位置づけ、利用者の年齢を制限した。この年齢制限によって、四十歳以上の中高年のひきこもり当事者は、「若者ではない」と支援の対象からはじかれた。

これは国のひきこもり支援策が、主に内閣府の所管する「子ども・若者育成支援推進法」に基づくもので、中高年はそもそも念頭に置かれていない。内閣府は二〇一五年末、五年ぶりに実施した全国調査から、ひきこもりの若者を五十四万人と推計したが、中高年については、調査対象の項目にすら入っていなかった。中高年のひきこもりが可視化されないことなどの批判を受けて、内閣府は一八年秋、初めて四十歳から六十四歳を対象に全国調査をし、結果は推計六十一万人と、若者の五十四万人を上回ることが分かった。

ひきこもりの長期化により、高齢（八十代）の親が中高年（五十代）の子どもを経済的に支える現象は「８０５０（ハチマルゴウマル）問題」といわれ、最近になって社会的に認識されるようになった。だが、ひきこもり支援策は、その数字すらなかった中高年を置き去りにして、島田が経験したように若者に集中していた。しかも就労支援に偏っている。

かろうじて、生活困窮者自立支援法による自立相談支援事業として、各自治体が設けた相談窓口が、中高年の受け皿にもなっている。だが自立相談支援事業は、年齢制限は設定されていないが、対象となる当事者が、多重債務者からホームレス、ニート、矯正施設出所者など、多種多様で間口が広く、ひきこもりはその中の一つにすぎない。

また島田のように「親と同居しているから、生活に困っているわけじゃない」と、相談窓口にも足を運ばない当事者もいる。島田はひきこもりから抜け出ようにも、結局、支援してくれるところは、なかなか見つからなかった。

中高年の居場所がほしい

島田が転機となるひきこもりの講演会に足を運んだのは、二〇一七年四月下旬のことだ。島田が会場の市民会館に早めに着くと、講演会の準備が始まっていた。会場づくりをしていた一人の男性が、島田に気軽に声をかけた。「ひきこもりの当事者です」と島田が告げると、初対面の男性は場の雰囲気を和ませようとしたのか、トランプのカードを取り出しいきなり手品を始めた。

「変わった人やな。ははは、と笑うしかなかった」

それが山田孝明の第一印象だった。山田はその日の講演者で、一九九〇年代から京都を拠点にして、不登校や高校中退、ひきこもりの当事者や家族らを長年支援してきた。講演でも山田は、自身が支援で関わった数多くのひきこもりの事例を紹介した。島田は、それまではネット上でもひきこもりの当事者と交流することを避けてきたが、山田の著書も読み、自分と同じひきこもりの当事者がたくさんいることを知って、できれば会ってみたいと思うようになる。

講演から一週間後、山田から電話があった。８０５０問題の広まりを受けて、四十代、五十代のひきこもりの当事者と家族の支援に特化した団体「市民の会エスポワール京都」を立ち上げるので、その初会合にこないか、という誘いだった。

「当事者に会ってみたかった」

十三年間家にひきこもった島田にとっては、電車を使っての京都行きは想像を絶する長旅だったが、すぐに「行きます」と返事をした。会場はＪＲ京都駅に近い東本願寺の中にある施設だった。

「二十人が入る小さなスペースやったんですけど、そこに参加させてもらって、どんどん人がくるので、別な大きな会議室を借りて、最終的に八十人ぐらいが集まった」

島田が関心を持ったのは、やはり当事者の体験発表だった。

「三人ぐらいが発表をした。自分と同じような人たちが、身の回りにいるのを初めて見た。直接、声も聞いたし、その苦しみも聞けた。自分は一人じゃない、というのが分かった。山田さんの講演や本を読んで、他にも当事者がいるんやなというのは分かったけど、説得力が違った」

会場を埋めた当事者や家族を見て、島田は「こんなにおるんや」と安心した半面、衝撃を受けた。

「京都は、ひきこもりの支援が活発なのに、それでもこんなに大勢の困っている人たちがいる。支援の窓口も分からない自分のところは、表には出てこないが、集めようと思えばもっと出てくるだろうな、と思った」

その後も、島田は当事者と交流がしたくて、エスポワール京都の定例会やイベントに毎回ではなかったが顔を出した。

「京都に通うことで、心が楽になっていった。当事者たちと、あるある話じゃないけれど自分たちの経験を話しあったり、社会に出ることができた経験を教えてもらったり、いままで話せる場がなかったので、自分が安心できる場ができたのは大きかった」

島田はエスポワール京都に参加するうち、近くに当事者同士が集まれる居場所がどうしても欲しいと思うようになった。

「当事者同士で助け合いたい、という思いがすごく強かった」

居場所を作りたい気持ちは膨らむばかりだったが、支援してくれる人も資金も会場もなかった。

「何とかしたくても、無理なのは分かっているんで、思いだけを抱えたままでいましたね」

居場所を持てずに悩んでいた島田に、エスポワール京都の立ち上げから約五カ月後の九月、山田から電話があった。この間島田は実家を離れて、あるＮＰＯ法人が運営する、障害者を対象にした就労継続支援事業所でボランティアを始めた。この法人とは電話相談をきっかけにしてつながりがあった。親との同居が不安で「家に戻るくらいなら、死のう」という覚悟で実家を出たが、思いとは裏腹に、事業所での人間関係がうまくいかず、また周りに壁を作って心を閉ざしてしまい、二カ月ほどで家に戻ってしまっていた。

「自分は受け入れられていないんじゃないか、という思いが強くあった。体の調子も心の調子も悪かったんで、いったん帰って、実家にいた」

当時山田は、島田の体調を心配してよく電話をくれた。この日も、島田が実家に戻った訳を山田に話すと、山田がある提案をした。

「ここにも会を立ち上げよう、と言ってくれたんです。その声が太陽のような感じがした」

島田は、自分の居場所を作って、同じ当事者と互いに支え合いたい、という思いが強くあった。

「山田さんが言いだしたいま、会の立ち上げという波に乗らないと、次の波はいつくるか分からない。一人で立ち上げるのは無理だし、この際、乗ってしまおうと思った」

島田には、エスポワール京都と同じ四十代、五十代のひきこもり当事者と家族を支援する「エスポワール兵庫」の立ち上げを決意した。二カ月後の十一月には、初会合を年明けに開くことを決めて、新聞社に会合の案内記事の掲載を依頼したり、ひきこもりに関連するシンポジウムでビラを配ってもらったりして、準備を進めた。会場の予約も自分でやった。

この時期、実家に戻っていた島田の生活に大きな変化があった。病院でうつ病の診断が出たので、障害福祉サービスの利用が可能になり、正式に就労継続支援事業所で働けることが決まった。島田が選んだのは、職場になじめず家に帰ることになった以前いたNPO法人の事業所だった。職場近くのアパートで本格的に一人暮らしをすることになった。

「以前いた事業所を選んだ理由は、戻らないと自分は逃げているというイメージがあった。ここで逃げたら、この先自分が社会に出たときに、また人間関係につまずいて、逃げてしまう恐れがあったので、ここは我慢して行かないといけない、と戻った」

ホームページに心の叫び

正月明けの二〇一八年一月七日、山田の講演会があったのと同じ市民会館で、エスポワール兵庫の第一回定例会が開かれ、十五人ほどが参加した。支援の窓口がほとんどない中高年のひきこもりの当事者が、地域の中で安心して顔を出せて交流できる居場所を作りたいという島田の願いは、ようやく緒に就いた。

「当事者同士がお互いの経験をもとに、どうやったらみんなが外に出て歩けるようになるのか、生活ができるのかということを、考えていかないといけない。ひきこもり生活が長ければ長いほど、社会に溶け込むのに時間がかかる。会の一番の仕事は居場所作りだと思った」

中高年のひきこもり支援の会が動き出し、親からの自立に向けた歯車も回り始めたのに、当時島田は孤立感を深めていた。エスポワール兵庫の発足から二カ月後の三月、島田は会のホームページに、こんな心の叫びを投稿していた。

「電池切れ」


元気だった頃と比べて、作業の質や時間全てにおいて、遥かに劣っているのが分かる。

自分の思っている質と量、かかった時間が噛み合わない。この差を縮めようとすると、返って上手くいかない。

作業をいくらこなしても満足できない…。

やってる事に勝手に責任を感じ、その重圧に負けてしまう。

それを誰かに言えたら良いのに…。


十数年、ずっとコミュニケーションは家族だった。

その間、自分で処理または考えないようにしてきた。

今は常に誰かと関わっている…もう疲れてしまった。

一人になりたい…こもりたい思いが募る。

どうしたらいいのか…分からない。

島田は就労継続支援事業所でゲーム用遊具の製作を担当したが、自分で満足のいく仕事ができず、生産効率も上がらなかった。職場の人間関係も前回と同じで、思うようにコミュニケーションが取れずに自分で壁を作って苦しんだ。

「人間関係がうまくいかなくて、周りに受け入れてもらっていない、という疎外感がものすごくあった」

追い打ちをかけるように、夏には恐れていた低血糖症による意識低下が起きた。アパートの自室で倒れて、胸の骨を折って入院した。一カ月ほどで退院したが、以前の職場には戻らず、同じNPO法人が運営する別の支援サービスに移った。さらに主治医の診断で、うつ病に加えて、社交不安障害という病名がもう一つ加わった。社交不安障害は、人前で話すことや注目されることに強い不安や恐怖を感じるなどして、その場面を回避するようになる。発汗や震えなどの症状が出る。

こういうときにこそ、当事者同士で苦しみを共有して、助けてもらいたかったが、居場所はまだできていなかった。その実現のためにも、島田はエスポワール兵庫の定例会開催の準備を一人で担ってきたが、発足一年を前にした十一月の定例会でついに力尽きてしまった。

「会の発足後、運営に協力してくれるという参加者が何人かいたんですけど、頼みます、とその一言が言えずに、一人で抱え込んでしまっていた」

二カ月に一回のペースで開かれていた定例会は、五カ月がすぎても次回のめどが立たなかった。

「電話がかかってきても取れない、メールは受信できても返信ができない。心が完全に閉じていたんで、定例会の準備もできなかった」

開催の見通しもないまま放って置くわけにはいかず、運営の協力を申し出てくれていた参加者に、正式に代わりを頼むことにして、お願いの手紙を書いた。

「電話ができなかったので、いまの状況を説明して、ようやく、ごめんなさい、できません、というのを、便せん六枚にわたって書いた。心よく引き受けてくれました」

半年ぶりとなった二〇一九年五月の定例会には、島田は会の進行役ではなく、一人の当事者として参加した。

「準備とかすると、人とのかかわりの部分で疲れてしまっていたが、今回はそれがなかったので、自分にだけ集中できて、気分的にはすごく楽でした」

生活保護か実家に戻るか

定例会があった五月、島田は不安定な精神状態を少しでも改善するため、支援サービスを受けていたNPO法人から離れて、一度生活をリセットしようと決め、ある行動に出た。生活保護の申請書を市役所に提出した。運よく申請前にあった定例会で、参加者の一人が、会場にきていた市役所の生活保護業務の関係者を紹介してくれた。次の週に市役所の生活保護の窓口を訪ねると、島田のことは引継ぎがあったらしく、担当者が相談にのってくれ、島田も申請を決めた。

また実家に戻るという選択肢もあったが、まったく考えなかった。家に帰ってもひきこもりから抜け出る前の生活に逆戻りしてしまうだけで、親と同居する危うさを回避しようと、自立のために家を出た意味がなくなってしまう。

「精神的に悪い状態で家に戻ってしまうと、一時期より薄らいだ親と同居する不安が、また復活してしまうかもしれなかった」

経済的にも親に依存するのは嫌だった。

「両親はもう十年前に、仕事をやめて、休ませておかないといけなかったのに、いまもまだ自分のために稼いでいた。親もほんまはもっといろいろなことをやりたかったはずなのに。そう考えると、自分は死んだほうがいいのかな、と思ってしまう」

親に頼らないのであれば、無理をして就労しない限り、現行の支援制度では、生活基盤を安定させて体調の回復を図るには、生活保護を受けるしか道はなかった。申請から約三週間後、生活保護の受給が決定したという連絡があった。

「よかった。一番気になっていたところなんで、これで気が楽になった」

もし生活保護が認められなければ、島田は実質的に実家に戻るしか選択はなく、窮地に追い込まれるところだった。

「生活保護の受給で生活が安定するので、体を休めながら、いま目の前にあることだけをしようと思った」

島田が力を入れたのは、やはり待ち望んでいた居場所作りだった。七月に居場所「こもりびより」を立ち上げた。名前は暖かい居場所を作りたいと、冬の晴れた温暖な日を指す小春日和と、ひきこもりをかけた。運営については、参加者みんなで考えていこうと思っている。

「開催のペースも、今後の会場も決めないといけない。自分一人では考えつかないので、みんなの意見を聞きながら、どうしようか考えてみたいと思っている」

島田は製薬会社に入って二年目、従兄の誘いで喫茶店の内装工事を手伝った。そこで参加者が、年齢に関係なく対等な関係で意見を出し合い、内装を仕上げていく達成感を経験した。居場所作りも同じで、みんなが同じ立場で、「ああだ」「こうだ」と言い合いながら、一緒に考えて作り上げていく達成感を共有することが大事だと思っている。

居場所が軌道に乗るかどうか、大きな鍵を握るのが、継続的に利用できる施設と運営資金の確保だが、まだめどがたっていない。

「居場所を開催できる固定した場所が、無料で使えるのが何よりありがたい。行政にはそこを支援してほしい。でも居場所は当事者が主役なので、運営は行政頼みにならないように気を付けないといけない」

島田は、行政の担当者には、直接ひきこもりの当事者と会って現場の声を聞いてほしいと思っている。当事者だけでなく、家族や支援者も参加するエスポワール兵庫の定例会を、その場として活用できたら、と言う。

「ひきこもり支援としては、どんなものが必要なのか、行政と一緒に考えていきたい。行政の人たちは現場を知らないので、ひきこもりの当事者も加わって支援の中身を考えていかないと、うまくいかないんじゃないかなと思う」

行政との連携を模索する一方で、島田はエスポワール兵庫を、財政上の支援も受けやすいなどのメリットがある、ＮＰＯ法人にできないかと考えている。

「この二年間、ひきこもりの支援活動を続けてきているので、申請すれば法人化の可能性はあるんじゃないか、と期待している。問題は私なんです」

島田はエスポワール兵庫と居場所のこもりびよりの運営にとどまらず、寺を会場にして月一回ひきこもりカフェも開催している。

「知人から、地域にひきこもりの当事者が何人かいるのが分かったので、なんとかしたいという話があった。協力してくれる住職がいるのでカフェをやろうとなって、じゃやりましょう、と引き受けた」

こうしたひきこもり支援の活動に、さらにＮＰＯ法人化を目指す仕事が、島田に加わることになる。しかも、生活保護の受給が始まってしばらくしたころ、父親が倒れた。脳出血だった。重い後遺症が残り、退院後は母親が一人で介護するのは難しいという。

「実家に戻るというのでなく、近所に住んで介護をすることも考えないといけない」

生活保護の受給が決ったときは「体を休めながら、いま目の前にあることだけをしようと思った」という島田だが、現実は背中に荷物が次々と積みあがっていく。

ようやく社会問題として認識されるようになった、中高年のひきこもり支援。行政をどう巻き込んでいくのか、体調との兼ね合いを図りながら島田の模索は続く。

第五章　声を上げ始めた当事者

これまで四人の当事者・経験者のライフストーリーをたどってきた。ひきこもりの背景は一人一人違い、その回復に向けた支援も、当事者に合った多様で柔軟なメニューが必要になる。しかしながら、ひきこもりが社会問題と認識されてから約二〇年、支援づくりは、主役であるひきこもりの当事者が、不在のまま進められてきたと言っていい。この、長きにわたる当事者抜きの支援の在り方に、いま当事者たちが集い、声を上げ、行動を始めている。自分たちの声に耳を傾けてもらおうと、自らの言葉で直接社会に発信している。当事者が声を上げたことで、ひきこもり問題は新たなステージを迎えたともいえる。

この章では、一九九〇年代後半から当事者活動にかかわってきた一人で、積極的に当事者の声を発信している一般社団法人「ひきこもりＵＸ（固有の体験）会議」の代表理事で、「新ひきこもりについて考える会」世話人などを務める林恭子さんと当事者支援の在り方を中心に考えていく。（インタビューは二〇一九年十月二十四日と十一月三日に行った）

林　恭子（はやし・きょうこ）

一般社団法人「ひきこもりUX会議」代表理事。一九六六年生まれ。高校二年生のときに不登校となり、大学中退後、二十代半ばで、二年間ひきこもる。その後、二十年以上当事者の活動にかかわってきた。二〇一四年には、当事者の声を直接社会に向けて発信していこうと、ひきこもりUX会議を仲間とともに立ち上げた。ひきこもりUX女子会を全国で開催するほか、講演、政策提言など、多彩な当事者活動を続けている。

いつも頭の中に死がぼんやり浮かぶ

保坂　林さん自身が当事者で、高校二年生で不登校、二〇代の後半でひきこもりを経験しています。どんな問題を抱えていたのですか。

林　高校は香川県の進学校に入学しました。中学までは学校生活は順調すぎるほどでした。良い子ちゃんタイプだったので、先生や親からすると、手のかからない扱いやすい子どもだったと思います。不登校になったのは高校二年生のゴールデン・ウイーク明けからです。当時、管理教育という言葉があって、理不尽と思える校則や体罰もあり学校に強い疑問があったのですが、そんなことを思う自分のほうがおかしいのかもしれない、と思っていました。自分の気持ちの中では、すごく違和感があるのに誰にも言えない。そんな自分がおかしいと思っていたのがパンクしてしまった。そのまま体調が悪くなり、体重も減り、家の中を這うような状況になり、休学しました。翌年父が福岡に転勤になり、編入先の高校に始業式だけは出席しましたが、次の日からは、また行けなくなりました。昼夜逆転して、布団からまったく起きられない生活が続いて、もう学校は無理だろうと中退しました。母は厳しい人で、いい学校に行って、いい会社に就職することが当たり前すぎるほど当たり前という家庭で育ちましたから、中退という選択はあり得なかったことで「未来を失った」と絶望しました。

寝たきりの生活でしたけれど、受診先の病院の先生から、当時の大学入学資格検定試験と通信制高校があることを教えてもらい、二年遅れで東京の大学に進学しました。でも大学も一カ月で行けなくなりました。当時は半日外出すると三日寝込むような体調で、大学に通える状態ではありませんでした。結局、大学も中退して、当然この先も続いて行くだろうと思っていた道が絶たれて、本当にもう終わりだという気持でした。

保坂　二十歳をすぎると、林さんの抱えている生きづらさには、母親との関係にも問題があった、と気づいたのですか。

林　私自身、自分の考えがないということに、あるとき気づくんです。母が私のすべてをコントロールしていましたし、母から私の気持ちを聞かれたことは一度もない。私の気持ちはどうでもよく、母の言う通りにこなしていくことが、私のすべてでした。それまで母に疑問を持たずにきましたが、思い返してみると非常に理不尽に思えて、マグマが吹き上げるように怒りが出てきてしまい、母にぶつけるようになりました。母も負けずに言い返してくるので、明け方まで怒鳴り合いのけんかになることもありました。

未来は相変わらず見えない。こんなだめな人間が生きていける場所はこの社会にあるのかとか、起きている間はずっと考えているので、もうクタクタです。二十七歳のときにアルバイトに行こうと玄関まで行ったけれど立ち上がれなくなり、そのまま二年間ひきこもりました。自分に何が起きているか分からない。万策尽きた思いで、私のような人間が生きていける場所はないだろうから、初めて死ぬしかないと思いました。ひきこもっている間は、いつも頭の中に死がぼんやりと浮かんでいる感じでした。そんなある日、私のつま先の前に生と死の二つの道があって、生きるというほうにつま先がちょっと向いている映像が、ふと浮かびました。そのとき、頭とか心では死ぬしかない、と確信していましたが、足というのは私の体の一部ですよね。体は生きようとしていると思いました。

この瞬間はまだ生きているのだから、生きることを許されているのかもしれない。であるなら、もう何のためにとか、役に立たなければなどと思わず、ただ生きようと。そこから徐々に動き出しますが、アルバイトを始めても、疲弊して帰ってくるのは何も変わらない。苦しかったですね。でもその頃、私にとって八人目の治療者になる精神科医に出会います。それ以前の治療者とは私に変化がありませんでしたが、その先生とはやり取りする中でちょっとずつ空っぽになったエネルギーが戻ってくる感じがあって、少しずつですが精神状態が安定してきました。

多様な生き方を目にして気が楽に

保坂　体調が少し上向いてきた時期に、林さんがその後二十年続く当事者活動にかかわるきっかけとなった新聞連載「人と生きたい　引きこもる若者たち」（朝日新聞）と、出会うわけですね。

林　はい。一九九七年のことです。家で朝日新聞を購読していたのでこの連載を読み、これは私のことだと思いました。執筆した記者に手紙を書きました。九九年四月に連載をまとめた本『引きこもる若者たち』（塩倉裕、ビレッジセンター出版局）が出版されると、記念のシンポジウムに行きました。たまたま隣の席に座ったのが私と同じ女性の当事者で、東京で「ひきこもりについて考える会」ができたことを教えてもらい、半年後に初めて考える会を訪ねました。

考える会は当事者と親、支援者の三者が対等な立場で話し合いをする場でした。そこで、たくさんの当事者に出会えたことが一番大きかったのですが、もう一つ、そこには性的マイノリティの方とか、ホームレスの方の支援者とか、いろいろな人がいて、世の中、本当に生き方は多様だということを初めて目の当たりにしました。生き方のモデルは、いい学校に行っていい会社に入ることしかないと育てられてきたので、すごく気持ちが楽になりました。

保坂　林さんがひきこもりについて考える会で活動するようになったころ、首都圏では、当事者が運営するひきこもりの会が次々と立ち上がったのですか。

林　埼玉、千葉、神奈川、東京で当事者会が立ち上がりました。多いときには七、八十人が集まる当事者会もありました。一方で、個人の活動としても、上山和樹さんが『「ひきこもり」だった僕から』（講談社）を実名で出版したり、当事者の活動が盛り上がりをみせる機運もありました。ところが四、五年もすると神奈川を除いて、当事者会がなくなっていきました。

保坂　林さんは当事者会が短期間で幕を閉じていった理由について、どんな受け止め方をしていますか。

林　当事者会の運営は主催者の負担が大きすぎました。その人の思いだけやっているところがありましたから、運営の負担を分け合うことがなかった。主催者が就労でやめたり、体調が悪くてまたひきこもるなどすると、会を継続するのが難しい。当事者会を支えようというサポートも、当時はありませんでしたから。二〇〇〇年代の半ばから一〇年代まで、いっとき当事者活動はシーンとしたというか、ほとんど目立った動きがなくなりました。

保坂　当事者活動が表立って動きがない中で、林さんは二〇一四年六月、当事者の声を社会に発信しようと、ひきこもりUX会議を立ち上げますね。

林　私は横浜に移り、「ヒッキーネット」という団体で神奈川県の青少年センターや横浜市の青少年相談センターと一緒にひきこもりのイベントをやったり、地域で地道に活動をしていた仲間と講演会をやったり、活動を続けていました。でも地元で親御さん十人の前で話をすることも大切ですが、それだけでは、なかなかひきこもりの理解は広がらない、変わっていかない、という気持ちがありました。

行政の当事者支援が、就労支援ばかりで当事者のニーズとあっていない。それは当事者の声を聞かずして、支援がつくられているからだと思いました。それを変えていくには、当事者自身が自分たちの言葉でちゃんと声を出して、行政や社会に発信していく場を確保することが必要だと考えました。その発信の場として、一四年十一月に東京で八人の当事者らに顔を出して登壇してもらい、自分たちの思い、特に支援について語ってもらうイベントを開きました。当日は三百二十人もの方がきてくださいましたが、これほどの規模の当事者主催のイベントは、初めてだったと思います。

若い世代がメディア立ち上げ発信

保坂　ＵＸ会議の活動が始まったころ、再び当事者会の動きも活発になりますね。

林　ひきこもりＵＸ会議で発信を始めたときに、大阪とか高松とか高知とか東北のほうでも、当事者たちが同時多発的に動き始めているのが分かって、彼らも自分の顔を出して、大きく発信しようとしているのを知って、嬉しかったです。しかも若い二十代、三十代の当事者が活動を担っていました。

若い世代が出てきたのには、ＳＮＳの役割も大きかったと思います。ブログなどで当事者が実名で書いているのを見て、声を上げていいんだとか、自分のことを話していいんだ、大丈夫だという意識が、一〇年代に入るころから若い世代に広まって、活動につながる土台になったのではないかと思います。それと、以前は主催者一人に当事者会の運営の負担がかかっていましたが、新しい当事者活動はＳＮＳでつながったり、スタッフ制で役割を分担させたり、活動がやりやすくなったと思います。

保坂　若い世代の活動でいえば、当事者が執筆、投稿する「ひきこもり新聞」（二〇一六年十一月〜）や雑誌「ＨＩＫＩＰＯＳ」（一八年二月〜）が彼らの手で創刊されて、いま大きな発信力となっていますね。

林　若い世代には、ひきこもりというネガティブな経験こそ、自分たちの武器というか財産で、これを使って何かできるんだ、という意識も浸透してきています。その社会に向けた発信の手段として、新聞や雑誌を作るというアイデアがあって、彼らはパソコンを使いこなせますから、アイデアを実現してしまう。ネットでも閲覧できますから、こうした発信のツールは、姿の見えにくい当事者をつなげていく意味でも、大きく役立っていると思います。

就労ゴールはニーズに合わない

保坂　当事者が発信力を持ち、つながり合っていく中で、当事者の抱える課題も見えてきたと思います。林さんは行政の当事者支援が、就労をゴールとしたことで、当事者のニーズと合わず、機能していないと批判していますね。

林　ひきこもりの支援といえば、若者を対象にした就労支援ですね。地域若者サポートステーションを見ても、就労をゴールと決めてしまっていますが、当事者からすると違います。自分のことが認められることや、幸せになることがゴールで、そのために一人一人どう生きていきたいかサポートするのが支援だと思います。就労をゴールにしたことで、支援がほぼうまくいかなかったことは明らかです。なぜかというと、家から出られない、出ても人と話すことができない、人のいる場に長時間いることもできない、生きていてもいいと思えないと思っている人に、就労ですよと言っても心に届きません。

保坂　林さんはどのような支援づくりが必要だと考えていますか。

林　就労以前のもっと手前の段階で、もちろんあなたは生きていていいし、この場に安心していていいんだよ、と言ってあげられる居場所が、もっともっとなければいけない。その中で、生きていていいと思えたり、自己肯定感を少しでも高めることができたうえで、当事者が望むのであれば就労支援に動く。こうしたステップを踏まないと、行政が就労支援を推し進めても、意味がないものになってしまうと思いますね。いまUX会議で当事者を対象にした実態調査をやっていますが、支援の人たちに、ひきこもりの苦しさをまず知ってほしい、という声が多いです。当事者が自分たちの声を発信してこなかったので分からないのも無理はありませんが、いまはいろいろな当事者が声を出しています。彼らの声をしっかりと受け止めて、支援には何が必要なのか考えてもらいたい。

保坂　地方の当事者とつながり合うことで、林さんは、都市と地方の支援の格差も見えてきたと指摘しています。

林　地方を回って当事者のみなさんが言うのは、相談の窓口もなければ、当事者会もない、居場所もない、地方は悲惨ですと。

保坂　相談窓口としては、ひきこもりに特化した「ひきこもり地域支援センター」があります。支援センターが拠点となり、地方自治体などの関係機関と連携して、相談者の支援に当たる仕組みになっていますが、うまく機能していないのですか。

林　支援センターは、都道府県と政令指定市にそれぞれ置かれているだけで、地方では遠くて簡単に行けません。担当者の人数も少ないうえに、ひきこもりについてよく分かっている人材が育っているとは思えないような話もよく聞きます。相談に乗ってもらっても、あっちだこっちだとたらい回しにされて、結局どこでも話を聞いてもらえなかったというのは、親御さんもおっしゃっていますね。相談にきた人の話をしっかりと聞けるだけでなく、相手が必要としている情報を渡し、ニーズに合ったサポートができることが必要です。それには、ひきこもりを理解し、その人に何が必要で、どう支えればいいのか一緒に考えることができ、また広くネットワークを持っている人材を育てることが必要です。質を高めるには、研修が必須です。研修もこれまでのように、講師に有識者や大きな支援団体の人を並べるのではなく、講師の半分は当事者にして、直接当事者の声を聞いてもらう。質の向上がなければ、いくら相談の窓口をつくっても意味がありません。

保坂　地元の自治体のほうでは、生活困窮者自立支援の担当者が、ひきこもりの問題に対応することになっています。

林　まずは生活困窮者の窓口で、ひきこもりの支援が行われていることを、周知することが必要だと思います。これまでも、ひきこもりの相談をしたいが、どこに行ったらいいのか分からない、という声はとても多くありました。ひきこもりの支援は、生活困窮者自立支援制度でやっていこうとなったので、ワンストップ的に年齢に切れ目がないよう、できるかぎり相談しやすい窓口となるように、していただきたいと思います。

保坂　地方では、当事者会が地元にあるのに、行政が情報を把握しておらず、当事者の支援につながらないこともありますか。

林　当事者たちは、支援は何もないと言いますけど、地元の支援者たちに会うと、窓口はあるんです、居場所もあるんです、でも当事者は誰もこないんですという話も聞きます。行政と当事者の間で情報が完全に切れてしまっています。

女性のひきこもりを可視化

保坂　ＵＸ会議では、女性だけが参加できる居場所の「ひきこもりＵＸ女子会」の開催を全国で増やしています。当事者活動の地方との格差を、少しでも解消する狙いもありますか。

林　そもそも女子会を始めたのは、全国どこでもそうですが、当事者会はほとんど男性しかこないということがありました。都市部でも女性が安心して相談に行ったり、集まる場所はほとんどありませんでした。そこで女性だけに限定した当事者会を開いたら参加しやすいんじゃないかと思いついて、二〇一六年に試験的に始めました。東京で開催していましたが、毎回たくさんの女性が集まります。初回は二十七人、二回目は新聞で報道されたこともあって八十人を超えました。五十代の女性が、生まれて初めて自分の話を聞いてもらえた、同じような経験をした人と出会えたと話していました。地方からは、飛行機や新幹線を使って女子会に参加する人もいます。「うちの地方でも、女子会をやってください」とメールもきます。続けているうちに、地方からのニーズはあるし、これはやめられない、地方に女性の居場所を作りに行くしかないだろうと、全国を回り始めました。

保坂　林さんはこの三年間で、延べ三千人を超す女性当事者に会ったという話ですが、女子会の全国展開は、ひきこもりイコール若い男性というイメージを塗り替えて、女性当事者の存在を可視化できたことは、大きな意味がありました。

林　当事者会には、ほとんど男性しか参加しませんでしたので、居場所に参加する当事者も、ひきこもりは男性が多いと誤解するくらいでした。ひきこもりは、もともと男は外で仕事をして一人前、家に昼間いるのはおかしい、という男性の問題だと捉えられてきた部分があります。その点、女性は家にいてもそれほど問題にされないような社会的な風潮があり、親御さんも相談に行かないので、見えないところもありました。一方、女性自身も生きづらいし、人との交流もできないけれど、自分がひきこもりとは思っていないなどの理由で、見えにくい。私は男女半々くらいだと思います。

保坂　地方での女子会は、同じ場所で継続的に開催していくのは、難しいでしょうね。

林　地方での女子会は、最初はＵＸ会議のメンバーが出かけて行って運営します。でも私たちがずっと続けることもできません。地元の当事者に引き継いで自分たちでやってもらおうと、女子会の作り方講座を開いてノウハウを伝授したり、読めば分かるように、内容をブックレットにもしました。いま地方の女子会は、地元の自治体や民間団体と共同で開催する連携も始まっていて、全国で十六ヵ所ぐらいまで増えています。

保坂　女性当事者の可視化に続いて、性的マイノリティへの支援が新たな課題の一つになっているのですか。

林　ひきこもりには性的マイノリティの当事者も多いといわれてきました。彼らはダブルマイノリティなので、性的マイノリティのコミュニティーに行くとひきこもりのことは言えないし、ひきこもりの当事者会ではカミングアウトできない。二重につらい。ＵＸ会議にも性的マイノリティの当事者会があって、毎回十人ほどが参加しています。支援者側はまだ性的マイノリティのひきこもりの問題にはほとんど気づいていないようですので、講演では女性と性的マイノリティに特化した支援、あるいは配慮した支援が必要なことは、必ず伝えています。

保坂　ひきこもりＵＸ会議では今年（二〇一九年）から、女性に限定しない居場所作りの支援にも乗り出しましたね。

林　女子会の参加者がどんどん元気になっていく、居場所の力のすごさを目の当たりにして、今年度から始めたのが、当事者と支援者を対象にした「ひきこもりUX DAY CAMP」です。当事者が安心してすごせる居場所の作り方を、一日かけてワークショップ形式で学びます。当事者のニーズもありますが、地方の社会福祉協議会（社協）さんや自治体などからも「居場所の必要性は分かったが、どうやって当事者がきてくれる居場所を、作ったらいいか分からない」といった問い合わせが増えていますので、開催を決めました。

これまでの参加者の中には行政の担当者もいて、当事者の声を初めて聞けて良かったとか、当事者が望んでいる支援が何なのかよく分かった、という声もありました。一方で、当事者からも支援者を信用していなかったけれど、こんなに一生懸命に考えてくれる人がいるのが分かって良かった、という声がありました。今年度は六ヵ所で開く予定ですが、全国に広げていけたらと思っています。

八〇五〇問題

保坂　内閣府が今年三月に公表したひきこもりの全国実態調査で、四十歳から六十四歳までの中高年のひきこもり当事者が、若い世代（十五歳から三十九歳）の五十四万人を上回り六十一万人いることが分かり、大きな話題になりました。この調査結果からクローズアップされたのが、ひきこもりの長期・高齢化で、八十代の親が五十代のひきこもり当事者の生活を支える「八〇五〇問題」です。

林　当事者の高齢化の問題は、支援の現場では気づいていたことですし、専門家からも警告は出ていました。

保坂　二〇一〇年代に入ると、いくつかの地方自治体の調査から、当事者のうち、四十歳以上が半数前後を占めていることが明らかになり、高齢化の傾向は分かっていたはずです。

林　そういう数字は、国には届いていなかったんじゃないでしょうか。四十歳以上を対象にした内閣府の調査も、家族会や当事者が調査をしてくれと言い続けて、初めて実施したら、ものすごい数字がでてきてしまい、慌てているように見えます。家族会などは、高齢のひきこもりに対する支援策をつくってほしい、年齢制限を撤廃してほしい、と言い続けてきてきました。でも国のひきこもり支援は、とにかく若者の就労支援に集中していて、就労させて税金を取ることしか考えていなかったように感じてしまいます。東京都は今年、青少年・治安対策本部にあったひきこもり支援の相談窓口を福祉保健局に移し、年齢制限もなくしました。中高年の問題は、これからなんだろうと思います。

保坂　八〇五〇問題では、対象となる中高年の当事者を掘り起こして、支援につなげていかなければなりませんが、若い世代のようにSNSを使いこなせるわけでもなく、難しいですね。

林　パソコンも携帯電話もない当事者も多いので、チラシをどういうふうに届けるかとか、新聞やテレビでどう紹介してもらうかとか、しっかり考えないと、ネットのない世代には届きません。そういう意味では、今後深刻な事態が大きなボリュームで起きてくるであろうことは、残念ながら予想できます。亡くなった親の遺体と一週間すごすとか、餓死するまで見つからないとか、そういうケースは増えてくるのではないでしょうか。一人でもそうした人を減らすには、家族へのアウトリーチ（訪問型支援）をしている社協さんであったり、社協さんは例えば一人暮らしのお年寄りの訪問に行くと、実は奥に当事者がいました、という現場を見ていますから、あるいは民生委員さんであったり、地域の中で家族とコンタクトが取れそうな人とつながって、行政、当事者団体、家族会、地域が連携して見守っていく形をつくっていくことが必要だと思います。一つの窓口で対応できることでは、もうありません。市役所の窓口にきてくださいと言ってもきてくれないわけですから。

保坂　ひきこもりからの回復を目指す手法に、当事者同士がお互いの経験を語り合い、仲間として支え合う、ピアサポートがあります。アウトリーチの中で、研修を受けたひきこもりの当事者を、ピアサポーターとして派遣するのは、どうでしょうか。

林　私は相手の領分に侵入することになるアウトリーチには懐疑的です。でもパソコンも携帯電話もない中高年に、ひきこもりを取り巻く状況も少しは変わってきているよ、ということをどうやって伝えるか。選択肢としてはアウトリーチも必要かなと思います。ピアサポートはまだ広がっていませんが、支援者が行くよりも当事者が行くほうがコンタクトができる可能性はなくもない。ピアサポートでまずはつながる。その後は支援機関に引き継ぐ。ただピアサポーターは真面目に取り組みすぎ、自身が疲弊してしまうこともあるので、一人に責任を負わせるのではなく、周りが支えながら、一緒にやっていくことが必要だと思います。とにかく時間をかけて丁寧にやることが大事です。

ひきこもり報道に異例の大臣メッセージ

保坂　ひきこもりの問題が大きく報道された二〇〇〇年の西鉄バスジャック事件と新潟少女監禁事件から、十九年になる今年五月には、川崎市で児童ら二十人殺傷事件が、六月には元農林水産事務次官がひきこもりの長男を殺害した事件が相次いで起き、再びひきこもりの問題が大きく報道されました。社会やメディアの反応は変わりましたか。

林　あまり変わってないなと思いましたね。川崎の事件が起きた翌日に川崎市が記者会見を開いて、容疑者はひきこもり傾向にあると言ったんですね。夜7時のテレビのニュースでは、トップニュースでひきこもり傾向と出ました。それを見てまずいなと、明日からひきこもりへのバッシングが始まるなと思いましたし、実際そうなりました。家族会の「KHJ全国ひきこもり家族連合会」には、いつもの四十倍近い相談の電話がかかってきたといいますし、当事者にも大きな動揺が走りました。女子会に行きたかったけれど事件の報道で怖くて外に出られなかった、ということも起きています。ネットでもさんざんたたかれました。少しでもバッシングを食い止めようと三日後、UX会議で事件についての声明文を出しました。その翌日に元次官の事件が起きました。

保坂　声明文では、報道によるひきこもりへの偏見助長や、ひきこもりと犯罪を結びつけることなどに懸念を表明する一方、報道に際しては当事者の声も取り上げるように要請しました。効果はありましたか。

林　声明文はSNSなどを通じで思っていた以上に広がり、私もいくつかのテレビ番組に出演しました。スタジオに入るぎりぎりまで、偏見を助長するような報道のしかたはやめてくれと交渉をして、番組の中で、かろうじて犯罪とひきこもりを結びつけるものではありません、と入れてもらうことはできました。メディアに報道で偏見を助長しないでくれと声を上げたのは、私たちUX会議だけでありません。ほかの当事者も言いましたし、家族会のKHJも声明文を出しました。緊急シンポジウム「ひきこもりとメディア」も開かれました。こうした発信を受け止めてくれる人もいて、そこは十九年前とちょっと違うかなとは思います。

保坂　国の変化はさらに大きくて、厚生労働大臣が「安易に事件と『ひきこもり』の問題を結びつけることは、厳に慎むべきである」という異例のメッセージを出したのには驚きました。

林　厚労省から当事者団体のUX会議と家族会のKHJが呼ばれて、大臣にお目にかかりました。そのときに発表されたメッセージでは、当事者の声を聞いて支援に活かすこと、また居場所作りが必要だとも言っています。これは大きかったですね。大臣のメッセージにもありますよ、と行政に居場所作りの話がしやすくなりました。その後、厚労省事業として居場所作りの委員会が立ち上がり、私も含めて当事者が委員として入りました。東京都の「ひきこもりに係る支援協議会」でも、委員に入れていただきました。私たちのことを私たち抜きで決めないでくれ、と言ってきましたので、大きな一歩だと思います。

ひきこもりのイメージを変えたい

保坂　今後は、当事者の声を反映していくには、行政とどう連携していくかが大きな課題になると思います。

林　ちょっと難しいな、と思っているんですが、一つには、やはり女子会と同じように居場所を行政と一緒に開催することですよね。

保坂　厚生労働大臣のメッセージには、居場所作りの必要性がうたわれ、行政に話がしやすくなったということですが、自治体の担当者の意識も変わってきたようですか。

林　支援者にも居場所が必要だと気づいている人は増えているように思いますが、圧倒的にはまだ就労だと思っています。それに家族がとにかく働いてくれないと話にならないと思っていますから、家の中にいる当事者にとっては、大きいな苦しみになっています。家族も含めて、まずは就労ではなく、安心できる居場所で、自己肯定感を高めることが必要だ、と分かってもらうには、まだ大きな動きにはなっていないと思っています。都市部の動きを見ているとすごく変わってきたような気になりますけど、そんなことはないです。そこは勘違いしないように、と自分でも思っています。

保坂　女子会ではすでに自治体と連携したプログラムを始めていますね。

林　今年から大阪のおもに北部にある六つの自治体が連携して、順番で毎月一回女子会を開いています。ひきこもりは親御さんも当事者も、自分の住んでいる地域の居場所や相談窓口には、行くのが難しい。ひきこもりであることが知られてしまいますから。自治体が連携して女子会をＵＸ会議と共催することで、周辺の自治体の女子会に行くことができます。共催の形は自治体によってさまざまですが、講師料と交通費をいただいて、女子会の当日の運営を受託することもあります。プログラムの中身やチラシの作成もします。一方、自治体からは会場の施設を、無償で提供してもらいますので、当事者は無料で参加できます。女子会の広報と周知にも協力してもらえますし、参加者を次の支援につなぐこともできます。自前の開催とは金銭面や会場確保、人員などの負担が全然違います。

保坂　行政も当事者も経験を積み重ねたことで、共催の成果は何か生まれましたか。

林　開催自治体の一つの大阪府豊中市では、女子会の作り方講座をやって、市の担当者と当事者の女性だけで、女子会の運営が始まります。私たちが行かなくてすむようになります。大阪で連携して女子会がやれたので、いろいろな自治体に、こういう形で女子会ができますよ、とモデルケースとして働きかけていきたいですね。女子会の回数を増やしてほしい、頻繁に開催してほしいというリクエストは多いですが、私たちだけでは物理的に無理です。地元の当事者と自治体とが一緒になってやっていくのが理想です。

保坂　いまは地道に居場所作りをしていくことが大事ですか。

林　そうだと思います。まだ居場所は全国でも、数えるほどしかありませんから。UX会議の大きな活動の一つは、ひきこもりのイメージを変えたいということなんですね。明るくて前向きなイメージになるような、チラシやパンフレットを作ったりもしています。

当事者が何に苦しめられているかというと、世間なんです。外に出たら、みんなに責められると、本当に思い込んでいます。ひきこもりは誰にも起こりうるし、全然他人事ではない、ひきこもる時期もあるよね、というくらいに社会のイメージが変わったら、ひきこもりの問題は相当解消されると思います。

おわりに

ひきこもりの問題は約二十年前、一度は取材に手を付けながら、形にできずに断念した。この度、当事者へのインタビューが実現して、本書を上梓できたことで、長い間、そのままにしておいた宿題を、やっとやり終えた気分がしてほっとしている。

本書が意図したのは、ようやく社会に向けて発信を始めた、ひきこもりの当事者が語る生い立ちからのライフストーリーと、読者にじっくりと向き合ってもらうことだ。その存在が見えにくいひきこもりは、ひきこもりの背景や当事者たちの動きが、社会に実情が伝わらないまま、家庭や本人の問題で「自己責任だ」とされて、「わが家とは違う」と偏見の目で見られることが多かった。行政もひきこもりが可視化されにくいのをいいことに、本格的な支援の手を差し伸べてこなかった。

本書を読んでいただければ、当事者が語るエピソードから、一つはひきこもりが決して特別な現象ではなく、当事者や家族が抱える問題は、どの家庭にも起こりうる普遍的な問題を含んでいること、もう一つは自分の部屋にひきこもったまま、長期間、家族とも顔を合わせないといったステレオタイプのイメージは誤りで、ひきこもりの理由やその状態が、多様化していることを分かっていただけたと思う。

ひきこもりの支援は、当事者が声を上げ始めたことで、今後は、当事者に寄り添った実効性のある支援制度を、どう構築していくかが問われることになる。そこで大きな壁になるだろう一つが、社会に根強くはびこる、ひきこもりに対する偏見だろう。第五章のインタビューで、林恭子さんが語った次の言葉が印象的だ。

「当事者が何に苦しめられているかというと、世間なんです。外に出たら、みんなに責められると、本当に思い込んでいます。ひきこもりは誰にも起こりうるし、全然他人事ではない、ひきこもる時期もあるよね、というくらいに社会のイメージが変わったら、ひきこもりの問題は相当解消されると思います」

私もまったく同感だ。一日も早くこんな社会になればと、願うばかりだ。本書がそのための一助になれば幸いだ。

登場人物は原則として敬称を略した。取材でインタビューに応じてくれた当事者をはじめ、数多くの方々にお世話になった。お礼を申し上げる。出版に当たっては彩流社の出口綾子さんに尽力いただいた。出口さんが本書の意義を理解してくれたおかげで、陽の目をみることができた。ありがとうございました。

二〇二〇年三月

保坂　渉

＊主な参考文献

池上正樹『ドキュメント　ひきこもり――「長期化」と「高年齢化」の実態』宝島社、二〇一三年
池上正樹『大人のひきこもり――本当は「外に出る理由」を探している人たち』講談社、二〇一四年
石川良子『ひきこもりの〈ゴール〉――「就労」でもなく「対人関係」でもなく』青弓社、二〇〇七年
勝山実『安心ひきこもりライフ』太田出版、二〇一一年
川北稔『8050問題の深層――「限界家族」をどう救うか』NHK出版、二〇一九年
共同通信ひきこもり取材班『扉を開けて――ひきこもり、その声が聞こえますか』かもがわ出版、二〇一九年
斎藤環『社会的ひきこもり――終わらない青春期』PHP研究所、一九九八年
芹沢俊介『引きこもるという情熱』雲母書房、二〇〇二年
田村裕（取材・文）、ブックマン社編『私がひきこもった理由』ブックマン社、二〇〇〇年
山田孝明『8050問題を生きる――明日を語る言葉をみつけたい』イシス出版、二〇一八年
丸山康彦『不登校・ひきこもりが終わるとき――体験者が当事者と家族に語る、理解と対応の道しるべ』ライフサポート社、二〇一四年
若者支援全国協同連絡会・編『「若者支援」のこれまでとこれから――協同で社会をつくる実践へ』かもがわ出版、二〇一六年、など

【著者】保坂 渉…ほさか・わたる…

1954年生まれ。79年共同通信社入社。社会部、編集委員室編集員などを経て、現在はフリージャーナリスト。
主著：『虐待——沈黙を破った母親たち』『厚生省AIDSファイル』（以上、岩波書店）、『迷宮の少女たち』（共同通信社）。
共著：『ルポ　子どもの貧困連鎖——教育現場のSOSを追って』（光文社）他。

ひきこもりのライフストーリー

二〇二〇年四月二一日　初版第一刷

著者——保坂 渉
発行者——河野和憲
発行所——株式会社 彩流社
〒101-0051
東京都千代田区神田神保町3-10
大行ビル6階
電話：03-3234-5931
ファックス：03-3234-5932
E-mail：sairyusha@sairyusha.co.jp

印刷——明和印刷株式会社
製本——株式会社村上製本所
編集——出口綾子
装丁——仁川範子

ISBN978-4-7791-7107-9 C0336
http://www.sairyusha.co.jp